Agnes Miegel

# Die Frauen von Nidden

Agnes Miegel

# Die Frauen von Nidden

Gesammelte Gedichte von
unserer „Mutter Ostpreußen“

**RAUTENBERG**
im Verlagshaus Würzburg

Umwelthinweis:
Dieses Buch und der Umschlag wurden auf chlorfrei gebleichtem Papier gedruckt.
Die Einschrumpffolie – zum Schutz vor Verschmutzung – ist aus umweltverträglichem und recyclingfähigem PE-Material.


Printed in Germany
Druck und Verarbeitung: Offizin Andersen Nexö, Leipzig

Rautenberg im Verlagshaus Würzburg

ISBN 3-8003-3055-5

# STIMME DES HERZENS

In dem Geschwätz und Gewühl
vor dem plätschernden Brunnen am Markte,
Stand ich lachend und jung
in der Freundinnen Schar.
Kannte Krug und Gesicht,
kannte Giebel und Stuben,
Kannte was feilschend und laut
um die Buden sich drängt.
Lästerte, neckte und pries,
lauschte und horchte geduldig,
Gab mit flinkem Mund
Rede und Witzwort zurück.

Aber fern von der Stadt
im Schoß der waldigen Düne,
Lag meine Seele still
wie das Tier im Dickicht sich birgt.
Hörte das sanfte Sausen
der knarrenden Kiefernstämme,
Hörte in regloser Luft
durchsichtiger Flügel Geklirr.
Bis vom Strande her
in die ängstlich harrende Stille,
Unruhvoll und bedrängt
wie mein Herz, die Brandung gepocht.
Zitternd harrten wir da
bis sich der Sturm erhoben,
Bis der dräuende Gott
mich und die Wogen erlöst.

Und ich sang in den Wind,
in das Wirbeln rauchender Dünen,
In das dröhnende Brausen
sang mein tönender Mund.
Sang meiner einsamen Heimat
Götter und rote Burgen,
Sang ihr mütterlich Herz,
sang ihr grüngrünes Kleid.
Sang was groß und gekrönt
durch meine Träume gewandert,
Blutüberströmtes Haupt,
gallegetränktes Herz.
Sang meiner seltsamen Schwestern
mondlichtgezeichnete Stirnen,
Sterblichen Leibes wie ich,
jenseitiger Weisheit kund.

Sang ich, mir selber kaum deutbar,
was Schatten und Erde mich lehrten,
Sang ich Liebe und Tod –
sang ich das eigne Geschick.

## MAINACHT

O meine selige Jugend!
Blaue Tage am Ostseestrand,
Wenn in den grauen Schluchten
Jeder Baum in Blüte stand.

O glühende Sommernächte,
Am offenen Fenster durchwacht!
Ferne Gewitter rollten
Im Westen die ganze Nacht,

Und über den Lindenwipfeln
Führten im Blitzesschein
Die alten Preußengötter
Ihren ersten Frühlingsreihn,

Herden und Saaten segnend,
Schwanden sie über das Meer.
Ihre hohen Bernsteinkronen
Blitzten noch lange her.

## PFINGSTMORGEN

In die Maien am Beischlag
Die Morgensonne schien,
Schwalben flogen schrillend
Um die Giebel von Sankt Marien.

Und blonde Mädchen schritten
Maiblumen in der Hand,
An ihren weißen Kleidern
Wehte das Schärpenband.

Der Turm von Sankt Kathrinen
Blitzte im Sonnenschein
Alle Glocken gingen und klangen
Und läuteten Pfingsten ein.

Vom herben Duft der Birken
Um Bug und Masten matt
Wehten die Morgenwinde
Vom Hafen her gelinde
Durch die alte Hansestadt.

## STUDENTENLIEBE

1

Schenke den blitzenden Mosel ein,
Laß uns die Gläser heben,
Stoß an, stoß an mit lachendem Mund,
Unsere Jugend soll leben!

Ich streiche aus deiner weißen Stirn
Deine blonden Knabenhaare, –
Wir beide verliebt, wir beide jung,
Wir beide achtzehn Jahre.

Es steht eine Burg am Saalestrand
Und blickt in das Tal hernieder, –
Sing mit, wir singen im Heimatland
Deine Jenenser Lieder!

2

Und als in meiner Mädchenbrust
Die Jugendträume starben, –
Hab ich mit heißem Mund geküßt
An deinem Band die Farben.

Des Walzers habe ich gedacht,
Den süß die Geigen spielten,
Als wir in jener Winternacht
Lachend im Tanz uns hielten.

Dein Zerevis, das ich gestickt,
Blitzte im Kerzenlichte,
Du hast verstohlen dich gebückt
Zu meinem Angesichte,

Auf deiner weißen Knabenstirn
Glühten die roten Narben – –
Ich hab mit heißem Mund geküßt
An deinem Band die Farben.

## DER TANZ

Der Schritt der letzten Gäste klang im Flur,
Dann wurde dumpf die Haustür zugeschlagen,
Und in die Sturmnacht fuhr der letzte Wagen.

Des Hauses junge Töchter blieben nur
Allein im Saal, im traumhaft goldnen Glanze
Herabgebrannter Kerzen, deren Duft
Wie Weihrauchqualm durchzitterte die Luft,
So schwül und schwer noch von dem wilden Tanze.

Die älteste der schlanken Schwestern stand
An dem Klavier, und ihre Lippen sangen
Die Walzerweisen, die ihr Herz durchklangen,
Bis Ton auf Ton die schmale Rechte fand.
Die müden blonden Zwillingsschwestern kamen
Langsam herbei und sangen leise mit
Und wiegten lächelnd sich im Walzerschritt,
Als ihre Lieblingsweise sie vernahmen.

Die Jüngste aber zog aus ihrem Strauß
Langsam der roten Nelke Glut heraus
Und steckte sie in ihre Gürtelspange,
Und raffte schweigend, wie im tiefen Traum,
Ihr weißes Kleid und schien's zu merken kaum,
Daß sie schon tanzte nach der Schwestern Sange.

Mit großen Augen schwebte sie dahin,
Langsam und feierlich, als ob sie lauschte,
Wie schwer und starr die weiße Seide rauschte
Bei jedem Schritt der blassen Tänzerin.

Sie gab nicht acht, daß allgemach verhallten
Der Schwestern Stimmen, und sie sah es nicht,
Wie leise qualmend auslosch Licht um Licht,
Vor ihren Ohren tausend Geigen hallten,
Auf ihrem Scheitel lag der Schönheit Glanz
Strahlend und heiß, bis rot wie Apfelblüten
Die weichen runden Mädchenwangen glühten.
Und immer schneller ward der stille Tanz
Und immer wilder.
Ihre Arme hoben
In Seligkeit und Sehnsucht sich nach oben.
Um ihre heiße Kinderstirne flog
Das langgelöste Haar in blonden Strähnen,
In ihren Augen brannten heiße Tränen,
Und tief ihr Haupt sich in den Nacken bog.

Lautknisternd losch die letzte Kerze aus,
Die Schwestern riefen fern aus ihrem Zimmer –
Hochatmend aber stand das Kind noch immer
Und horchte, wie der Nordsturm fuhr ums Haus.

## DER BUCHENWALD

Es war der schönste Wald, den ich gekannt,
Mit einem fremden, reichen Märchenleben.
Mohnblüten brannten rot an seinem Rand,
Und Rehe tranken abends aus den Gräben.

Nur ein paar kurze Sommerstunden sah
Ich kinderglücklich jene alten Buchen –
Und doch, ich weiß es: ist mein Sterben nah,
Werd ich im Traum nach jenem Walde suchen.

## SEPTEMBER

Dies sind die liebsten Tage mir im Jahr:
Die ersten Astern blühen in den Beeten,
Die Luft ist kirchenstill und blau und klar
Und ganz erfüllt vom Dufte der Reseden.

Kein Vogelschlag durchklingt den Sonnenschein
Doch unablässig zirpen die Zikaden, –
Bei ihrem Schwirren in den Abendschein
Geh, Seele, satt von Welt und Sonne ein,
Ein müdes Kind, zu letzten Schlummers Gnaden.

## LIEDCHEN

Nun ist vorüber die ruhige Zeit,
Meine junge Seele nach deiner schreit,
Ich gehe des Tags so müde einher,
Meine nächtigen Träume sind heiß und schwer.
Ich küß dich im Traume so viel als ich mag, –
Drum sind meine Lippen so blaß am Tag.

Sie sagten zu mir: „Was hast du nur?
Der Tag ist so heiß, so grün die Flur,
Deine liebsten Blumen, wir brachten sie dir,
Und du küßtest uns nicht einmal dafür,
Du hast vor dich hin, ins Leere geschaut –
Und trägst keinen Ring und bist doch nicht Braut?"

Sie zogen mich fort zu Tanz und Spiel,
Sie sangen so laut und lachten so viel,
Der Abend über die Felder zog,
Ein irrender Stern am Himmel flog.
Und sie sprachen von Liebe, leise und lang, –
Nur ich ging schweigend das Feld entlang.

## DIE SCHWESTER

Meine Schwester hat Hochzeit – die Glocken gehn,
Alle Leute nach meiner Schwester sehn,
Meine Schwester trägt Schleier und Myrtenkranz,
Ihre seidne Schleppe fliegt im Tanz.

Der Bräutigam redet und lacht so laut,
Er küßt die zitternden Hände der Braut, –
Meine schmale Hand hat noch niemand geküßt,
Nicht weiß meine Lippe was Liebe ist.

Kein heißes Begehren trat vor mich hin,
Es freite mich keiner, wie schön ich auch bin,
Ich bin's, die nicht Liebe noch Liebsten kennt –
Und mein Blut ist jung und mein Mund der brennt!

## MÄDCHENGEBET

Ich bitte dich, Herrgott, durch Christi Blut,
Bewahr mir meinen lieben Liebsten gut!

Ich bitte dich, Herrgott, aus Herzensgrund,
Daß mich mein Liebster küßt auf meinen Mund!

Kniefällig bitt ich dich, bei meiner Seligkeit,
Gib daß er stirbt, wenn er ein' andre freit!

## DEINE HÄNDE

Wenn ich deiner schlanken Hände denke,
Die so weich wie Frauenhände schmeicheln,
Die so grausam sind wie Kinderhände, –
Schließ die Augen ich in süßer Freude,
Schließ die Augen ich in wilder Angst.
Denn ich weiß, es halten diese Hände
Eine goldne Kugel, mein Geschick.

## LIEBE LÜGE

Sieh, meine Seele beugt vor dir die Knie
Und fleht dich an mit bittren Sehnsuchtstränen:
Noch einmal, wie vorzeiten, sage sie
Die liebe Lüge, welche all mein Sehnen.

Das Lügen wird dir leicht. Voll Mitleid bogst
Du einst dich schon zu meiner Demut nieder.
Betrüg mich, wie du damals mich betrogst,
Mein Herz ist gläubig. Sag:
du liebst mich wieder.

## EINST

Einst, einst
Hast du mich wild und glühend geliebt.

Niemals werd ich vergessen in alle Zeit
Jener Stunden trunkene Zärtlichkeit.
Noch an des Todes grauenbewachter Pforte
Höre ich deiner Liebe stammelnde Worte.
Tief in der grasbewachsenen Erde Grund
Werde ich deiner harren mit dürstendem Mund.

Rosen und Schnee, Sonne und Mond werden gehn, –
Blumen und Licht, die kann ich nimmer sehn.
Ob ein Tag, ob tausend Jahre geglitten,
Weiß ich nicht mehr.
Liebster, wann kommst du geschritten?
Wann wirst du endlich müde werden der andern,
Wann wirst du pilgernd zu meiner Liebe wandern?

Kommst du jung und schön, kommst du alt und müde zu mir, –
Aufspringt mein Grab, wie eine Kammertür,
Meine zitternden Hände die deinen fassen,
Um sie in Ewigkeit nicht mehr zu lassen.
Die Erde schließt sich. Aus meinem Schoß
Reißt dich kein Ruf des Lebens mehr los.

Einst, einst
Wirst du mich lieben, wie du mich nie geliebt.

## DIE JÜNGSTE

Große Schwester, blick so traurig nicht,
Weil mein Angesicht so anders ward.
Ach, du sahst es viel zu lange nicht,
Viel zu weit ging deine Wanderfahrt.

Zwischen meinen Brauen eingebrannt
Steht der stummen Schmerzensstunde Zeichen.
War zu ferne deine sanfte Hand,
Um die finstern Falten fortzustreichen.

Ach, du küßtest gleich das bittre Mal,
Küßtest gleich von meinem Munde hier
Diesen harten Zug verborgner Qual,
Blicktest, Liebe, immer hin zu mir.

Und ich lachte wieder hell und klar,
Doch ich wußte es, dich täuscht das nimmer.
Denn mein frohes Kinderlachen war,
Große Schwester, deine Freude immer.

Zucken sah ich dich in stiller Pein
Weil mein Lachen gar so anders heute.
Doch ich weiß, das hörst bloß du allein.
Niemals hörten es die fremden Leute.

Daß so anders ward mein Angesicht
Sehn von allen Augen nur die deinen.
Große Schwester, weine darum nicht!
Sieh ich selbst verlernte lang das Weinen!

## WENN DAS MEINE MUTTER WÜSST

Wenn das meine Mutter wüßt,
Daß sie schon am Linnen weben,
Das mein Leichenlaken ist,
Daß vielleicht die Elle eben
Schon mein Totenkissen mißt, –
Wenn das meine Mutter wüßt,
O wie würde sie erbeben!

Würd man's meinem Vater sagen:
Schartig schon die Äxte sind,
Die im Wald das Holz geschlagen,
Holz zum Sarge für Dein Kind, –
Würd man's meinem Vater sagen –
Weinen würde er und klagen,
Weinen würd er, bis er blind!

Würden's die Geschwister mein
Nachts in tiefem Schlummer spüren,
Um der Ahne Leichenstein
Wie sich schon die Schollen rühren
Wellengleich im Mondenschein, –
Ach, aus ihrem Schlafe führen
Sie empor mit wildem Schrein!

Wenn's mein falscher Liebster wüßt,
Daß auf meiner Hand, der blassen,
Die sein roter Mund geküßt,
Tod das Ringlein schon gelassen, –

Daß die Kammer schon gerüst,
Den als Freier einzulassen
Des Umarmung Grausen ist, –
Wenn's mein falscher Liebster wüßt,
Würd er weinen?
Würd er lachen?

### TRAUM

Aber heute Nacht im Traume wieder
Kam ich glückberauscht zu Dir ins Zimmer,
Und im ungewissen Morgenschimmer
Küßt ich Deine Stirne, Deine Lider,
Und ich sprach zu Dir:
                    Erwache, sieh,
Ich bin da, – vergessen ist mein Leiden.
Tod und Leben, nichts mehr kann uns scheiden,
Sieh, ich halte Dich und laß Dich nie, – –
Und ich küßte Dich.
                    Im morgenblassen
Dämmerungsgrauen schrak ich jäh empor,
Alltagslärm scholl her aus dumpfen Gassen
Und ich wußte, daß ich Dich verlassen
Und daß ich für immer Dich verlor – –

## DAS ALTE BUCH

Es fiel beim Suchen heut in meine Hand
Ein Buch, drin oft ich las in trüben Zeiten,
Ein halbverwischter Bleistiftstrich am Rand
Steht hin und her noch auf den schmalen Seiten.

Lang schwand die Schwermut jener Tage fort,
Auch ihre Sehnsucht, süß und unermessen. –
Ich weiß die Verse heut noch Wort für Wort
Und dachte doch, ich hätte sie vergessen.

DER GARTEN

Auf dem Marktplatz einer alten Stadt
Stand ich an des schönen Brunnens Becken.
Plätschernd sprang das Wasser aus den Röhren
Und der Krug lief über den ich füllte,
Doch ich gab nicht acht. Denn hinter hohen
Schmalen Giebeln hing des neuen Mondes
Silbersichel in dem klaren Himmel.
Und ich neigte dreimal mich und sagte:
„Wachse, junges Licht, und gib mir Freude."
– – – – – – – – – – – – – – – – –

Sieh, da faßte jemand meine Hände.
Eine Stimme, eine nie vergeßne,
Sagte: „Komm!" – Da ließ ich meinen Krug,
Und ich folgte dir. Durch viele fremde
Gassen schritt'st du vor mir durch die Dämmrung,
Wandtest lächelnd dich bei jeder Biegung,
Endlich hielt'st du still, schon nah dem Walle.
Hinter hohen, grasbewachsnen Mauern
Standen reglos herbstlich bunte Wipfel.
Lachen scholl und Singen aus den Gärten.

Eine dunkle Türe schlossest du auf
Die in einen stillen Garten führte.
Über seinen Zaun hing purpurroter
Wilder Wein von einer Nachbarslaube,
Und zur andern Seite streute eine
Mächtige Kastanie ihrer Blätter
Goldne Fächer still zu unsern Füßen.

Herbst war ringsum.

Doch der Flieder blühte
Zart und voll in tausend blassen Dolden,
In den Beeten, unkrautüberwuchert,
Dufteten Levkojn und Federnelken
Und an hohen Stämmen, schwer und tauig
Neigten sich die bleichen Rosen – –

Und wir Beide standen Hand in Hand,
In dem blassen Licht des jungen Neumonds,
In dem Frühlingsblühn, in das die gelben
Müden Blätter unablässig fielen.
Und ich fragte: „Lieber sag, wo sind wir?"
Und du sprachst:

„Im Garten unsrer Jugend." ...

## JOHANNI

Durch das Fenster streicht der kühle Nachtwind
Und der Duft des blühenden Holunders.
Lange lieg ich wach in meinen Kissen,
Hör die Grillen draußen auf der Wiese,
Hör der Mädchen halbverstohlnes Flüstern,
Lieblich wie verschlafnes Vogelzwitschern.
Und ich denke jener Sommernächte,
Ferner heller Nächte hoch im Norden
Als ich wach gelegen mit den Schwestern,
Als wir jung und gläubig lange Stunden
Flüsternd sprachen wenn der Nachtwind wehte,
Immer horchend ob am Gartentore
Nicht das Glück schon leis den Riegel rührte.

## ABENDSTERN

Über der Heide, überm Meer
Flammte der Abendstern, blaß und klar
Wie die Kerze vorm goldenen Hochaltar.
Von der braunen Heide, herb und schwer
Trieb der Duft des blühenden Weißdorns her.

Überm Fels, überm Wald
Stand des Abendsterns strahlende Pracht.
Ferner Gletscher Hauch kam mit der Nacht
Aus den Tälern her, durch den Felsenspalt
Donnerte brausend und weiß der Ache Gewalt.

In Liebe, in Haß
O wie schäumte mein Blut, leicht und jung.
Blasser Stern, was weckst du Erinnerung
An Jugend und Ferne und an mehr als das?

Mein Herz klingt wie ein zersprungenes Glas. –

## FLIEDER

Die Nacht ist gar zu dunkel.
Durch mein Zimmer zieht
Der Fliederduft wie ein süßes
Trauriges Liebeslied.

Ich hab das Beten vergessen,
Die Bitten weiß ich nicht.
Immer schmeichelt der weiche
Duft um mein Gesicht.

Ich sitze wach im Dunkeln
Und weine vor mich hin
Zitternd und ganz verstohlen,
Weil ich so einsam bin.

## LIEBE

Ich warf wie tote Muscheln
Liebe und Treu in den Sand,
Vergaß wie welke Blumen
Vater und Vaterland.

Dachte an Leid und Reue
Fluch und Segen nicht,
Dachte nur an dein schönes
Hochmütiges Gesicht.

Und alle meine Liebe
Achtest du so gering
Wie einen blinden schmalen
Unechten Krämerring!

## DER ES GEGEBEN

Der es gegeben
Daß ich so jung dich fand,
Gott hielt dein und mein Leben
Wie Blumen in seiner Hand.

Daß er die eine
Verwarf und zertrat,
Er weiß alleine
Warum er es tat.

Der nimmt und der gibt
Weiß, warum er uns schied –
Herz, das mich immer geliebt,
Herz, das mich immer verriet.

So kurz nur gegeben
Die Frist die uns band –
Gott hielt dein und mein Leben
Wie Blumen in seiner Hand!

## WEIT IN DER FREMDE

Weit in der Fremde
Immer bist du mir nah –
Wo sind die Tage hin
Da ich zuerst dich sah?

Leichtsinnig und jung
War ich und lachte so gern –
Ach wieviel weinte ich
Warst du mir fern.

Wie war das Leben da
Lockend und unbekannt –
Nach seinem bunten
Narrenseil griff meine Hand.

Was so heiß ich begehrte,
Alles verging, alles verblich –
Nur eins blieb immer:
Ich liebe dich.

## NEUMOND

Wieder hinter jener Linden
Leichtbewegtem Blätterwehn
Sehe ich des Erntemondes
Junge Silbersichel stehn.

Ach so hold nicht wie vor Zeiten
Blickst du heut zu mir herein,
Da ein Glück du mir verkündet
Das ich fand bei deinem Schein,

Das sein Leben wie die weißen
Blumen, nur von dir empfing,
Das mit dir sich hold erfüllte
Und mit dir verging.

## FRÜHLING

Der Wind sprang um.
In allen Traufen
Rieselnde sprudelnde
Tauwasser laufen.

Der Amsel erstes
Zärtliches Singen
Hör ich vom Garten
Herüberklingen.

Und aus dem verschleierten
Schwülen, feuchten,
Ahnungsbangen
Märzabend leuchten

Lockend mir deine
Augen entgegen,
Wie erste Veilchen
Im Frühlingsregen.

## WER RUFT DIE ROSE ZURÜCK

Wer ruft die Rose zurück
Die dort flammend vor Liebe in Blüte stand?
Einmal, bebend vor Glück
In deinen Händen lag meine Hand.

An meinem Munde hingst du
Stumm und still, mit saugender Blicke Schein.
Meine zagende Seele fingst du
In deines Schweigens lockendem Goldnetz ein.

Zu gern nur gefangen
Zitternd in deine Hände schmiegte sie sich.
Ihr heimliches Bangen
Keiner weiß es als du und ich.

Von niemand gesehen
Zogst du, schlimmer Zaubrer, die Willige her
Und hießest sie gehen, –
War's dir ein Spiel, oder war es mehr?

## UNGEBORENES LEBEN

Und wenn so warm die Sonne scheint,
Wenn sich so froh die Blüten heben,
Dann unter meinem Herzen weint
Bittend das ungeborene Leben:

Du gehst im hellen Sonnenlicht
Und freust an Rosen dich und Garben,
Doch meiner Sehnsucht denkst du nicht
Und läßt mich tief im Dunkeln darben.

Und wär doch froher dir zu Sinn
Und schöner dünkte dich die Erde,
Kläng süß mein Lachen drüber hin, –
O komm, und sprich zu mir das ‚Werde'!

Ich bin ein Händchen, weich und rund,
Das oft schon deine Träume küßten,
Ich bin ein rosiger Kindermund,
Der dürstend sucht nach deinen Brüsten.

Ich bin ein Seelchen fein und traut,
Das heiß verlangt nach deiner Seelen,
Bin eines Stimmchens Zwitscherlaut
Und will so vieles dir erzählen.

O sieh, wie hell die Sonne scheint,
O sieh, wie sich die Blüten heben!
Hör, wie in deinem Schoße weint
Bittend das ungeborene Leben.

### MITTAG MEINES LEBENS

Mittag meines Lebens, von Wolken verhangen,
Schweigende Stunde, da durch den staubigen Tag
Aus dem Grund versickernde Quellen sangen,
Da die Ferne verblauend wie Berge lag,
Da von der Straße, die weit und schwingend sich dehnte
Unerbittlich die dunkle Hecke mich schied, –
O verhangener Tag, als mein Herz sich bangte und sehnte,
Als nur du mir bliebst,
heimlich tröstendes Lied!

## VERLASSNE VILLA

Dort, wo das gelbe Laub der Lindenbäume
Am Fuß des Hügels wie ein goldner Bach
Leisrauschend läuft dem weißen Wege nach,
Steht tief versenkt in hundertjährige Träume

Von immergrünem Lorbeerwall umgeben
Ein graues Haus. Zwei Zedern sehn hinein,
Um seine Säulen rankt blutroter Wein,
Durch schwanke Ranken fliegt ein jähes Beben.

Am herbstlich blassen Mittagshimmel drehn
Schneeweiße Wolken sich im falben Strahl,
Und von dem Weg aus kann gespenstisch fahl
Durch trübe Fenster man ihr Wandern sehn.

Festlich bekränzt die schöne Stirne, steht
Das Haus, versenkt in nie gestörte Träume.
Von draußen kommt das Laub der Lindenbäume
Rauschend ans rost'ge Gartentor geweht –
Durch das die Lust des Lebens nie mehr geht.

## DIE WITWE

Heut um Mitternacht
Als der Vollmond schien
Hat es leise an der Tür gelacht,
Rauschte es im blühenden Jasmin.

Klang ein Pirolruf, und auf dem Kies
Kam ein rascher Frauenschritt herbei,
Zürnend hört ich ihren kurzen Schrei, –
Als mich jählings Zorn und Scham verließ.

Über meine kalten Kissen strich
Tastend wieder hin und her die Hand
Und ich bebte als ich dich nicht fand,
Und ich sprach: Noch immer such ich dich
Den so lange schon das Grab mir nahm, –

Und ich weinte, bis der Morgen kam.

## DÄMMERUNG

Du sprichst – ich höre schweigend hin.
Wie fremd ist deiner Stimme Klang!
Und ich zermartre meinen Sinn
Was so an dir mein Herz bezwang.

Und staune wie so seltsam fahl
Dein Haupt sich nun hintüber neigt,
Und wie es nun mit einemmal
Grausig und hold den andern gleicht.

Ihr die ich liebte, seid ihr nur
Ein Schemenzug und Maskentanz,
Und folg ich zitternd eurer Spur
Um einer toten Schönheit Glanz.

Die ich vor Ewigkeit besaß
Und die mein Herz nie mehr vergaß?

### HELLE NÄCHTE

Nun kommen die hellen Nächte zurück,
Die die armen Toten nicht schlafen lassen.
Ruhelos, mit verwirrtem Blick
Irren sie durch die stillen Gassen.

In dem Nachtwind der Fliederduft
Kommt von blühenden Gärten herüber,
Und die Toten meinen, es ruft
Ferne Zeit, die lange vorüber.

Und sie rütteln mit blasser Hand
An den Pforten, den wohlversperrten, –
Hinter der Mauer, schlafgebannt,
Rauschen im Traum ihrer Jugend Gärten.

## KINDERLIED

Die Kinder gehn im Reigen,
Sie singen ihren alten Sang:
„Wir traten auf die Kette,
Und die Kette klang."

Die Kinder gehn im Reigen,
Wir stehen still dabei,
So sangen tausend Male
Daheim wir zwei.

Du trugst ein Kittelschürzchen,
Du warst so blond, du warst so fein, –
Mir ist, als war es heute
Früh im Morgenschein,

Mir ist, als gingen Stunden,
Und gingen lange Jahre doch, –
Blick her, du hast die lieben
Unschuld'gen Augen noch!

Ich halte deine Hände,
O lieber Kindersang!
Wir traten auf die Kette,
Und die Kette klang – –

## BÜBI

Kleines Haupt mit dem blonden Flaum,
Vogelherzchen, pochend im ersten Traum,
Was in deinem Blute zusammenrann,
Fängt mit dir wieder sein Leben an.

Aus deinem schlummergeröteten, holden Gesicht
Lachen lange erloschene Augen wieder ins Licht.
Rastlose Hand, in ewige Starrheit gebannt,
Zuckt nach Greifen und Formen in deiner winzigen Hand.

Leben, schwer von Segen wie reife Garben,
Heißbeweinte, die weiß und weise starben,
Frühvollendete, kaum im Dämmern erwacht,
Kaum erst tastende – jäh versunken in Nacht,

Einsame Leben, die immer im Schatten standen,
Kinderlose, die keine Erfüllung fanden,
Andere, selig in überreich blühenden Herzen
Wie ein Baum mit tausend Kastanienkerzen, –

Alle Kind, in deinem Blute gemündet,
Alle noch einmal in deinem Herzen entzündet,
Wollen erstehen in dir und wollen ihr Leben
Wie eine Fackel durch dich weiter an Andere geben!

## MARIA

Du wuchsest Blume, auf in unsrer Mitte,
So lang und sommergolden schien der Tag
Als weich dein Händchen noch in unsrer lag.
Wir lenkten deine schwanken Kinderschritte.
Dein Leben schien nur einen Stundenschlag,
Nur einen Kuckucksruf von uns entfernt.
Schien nur in unsres Lebens Juliblüte
Die flammend unterm Brand des Mittags glühte
Die zarte Knospe, licht von Tau besternt,
In morgenfrischer Furche kühl geborgen.

Nun stehst du, selig über Nacht erweckt,
Ein Rosenwunder das uns froh erschreckt,
Und störst uns auf aus unsres Alltags Sorgen.

O holdvertrauter Formen Lieblichkeit!
Du sanfter dunkler Blick und du Erröten,
Seid Schwur und Siegel der Unsterblichkeit.
Sahn wir ein Antlitz, wie das deine nicht
Verwelken, jäh erblaßt in Todesnöten?
Nun stehst du prangend da im Sonnenlicht,
Das morgendlich um deine Glieder glänzt.

Die eben wir in unsrer Mitte hatten,
Wie stehst du fern von uns. So schön bekränzt,
So feierlich von fremdem Glanz umlichtet.
Es fröstelt uns im herbstlich blauen Schatten.
O blühende Jugend drüben – nimm uns mit!

Von ferner Hecke klappt der Schere Schnitt.
Ein Rosenhauch weht übers Gras: Verzichtet!

## IN MEMORIAM

O Trübsal, die ich hier erlitt!
O bittrer Tod, den ich erstritt!
In flämischem Sand streck ich mich aus
Und mit mir fällt mein ganzes Haus.

Kein lautes Trauern hallt mir nach,
Kein stolzes Wappenschild zerbrach
Doch mit mir geht, o Heimatland,
Was dich geliebt und zu dir stand.

Am Pflug, am Lehrstuhl, am Altar
Deine Ehre unsre Ehre war –
O Deutschland, süßes Vaterland,
Ein Licht losch aus, das dir gebrannt!

## ATHENE IM PARK

Es war ein alter Park
Mit dunkler Hecken feierlichem Schweigen.
Die Linden blühten und ihr Duft lag stark,
Berauschend unter regungslosen Zweigen.
Die Luft war heiß und still, und wie im Traum
Schritt ich hinab die sonnenweißen Wege,
Dem Finken folgend, der von Baum zu Baum
Mich lockte in das dämmrige Gehege.
Grüngoldnes Licht war da, nicht Nacht, nicht Tag.
An Tannenwurzeln glühten rote Schwämme,
Fern läutete der Spechte Hammerschlag
Und kupfern schimmerten die Kiefernstämme,
Da sah ich sie.
Die weiße Göttin stand
Auf bröckelndem Fels, von Ranken überwoben,
Entgürtet und den Helm zurückgeschoben,
Den Schild gesunken aus der jungen Hand.
Die Arme ausgebreitet, sehnsuchtsbang,
Mit leisem Lächeln bog sie sich hernieder.
Ein dunkler Falter sich vorüberschwang
Im Fluge streifend ihre Marmorglieder – –

Es ist ein alter Park.
Verwachsen dunkelt seiner Hecken Schweigen
Unter des Sommerhimmels tiefem Blau.
Wie Honig tropft von blühenden Lindenzweigen
Der Duft in die verwunschene Dämmerung.
Und hämmernder Spechte wildes Waldgeläut
Und aus den lichten Wiesen schrilles Geigen
Der Grillen nur klingt zu der weißen Frau.

Und manchmal streut
Der warme Wind zu Füßen ihr verwehten
Glühenden Duft von sonneheißen, späten
Rosen auf der Terrassen Marmorschwung.
Doch die sind weit.
Sie steht in ihrer grünen Einsamkeit.

Und sie blieb jung.

## FASTRADE

Mitten in lustiger Tage Vergessen
Stand es vor mir in dem lärmenden Troß:
Drunten im grünen Hessen
Das lindenumrauschte Grafenschloß!

Zog der Rauch über bunten
Giebeln im hellen Morgenschein
Aus dem Dorfe unten
Auf zu der Burg überm grauen Gestein.

Mohnrot und blau in den Wiesen
Blühten die Mädchen wie Blumen im Grund.
Hifthörner bliesen,
Bergfried gab Antwort
und hallender Wälder Mund.

Flammten die Berge herüber
Hirschrot über grünender Saat, –
Zog ein Nebel darüber
Deckte Äcker und Rain und schmalen Wiesenpfad,

Zog um steinerne Mauer,
Tropfte von grünem Efeugerank.
Goldener Herzen Schauer
Wehte die Birke auf Kreuz und Bank.

Dunkle Zypressen
Bewachen den Stein, der sich über dir schloß, – –
Drunten im grünen Hessen
Steht ein lindenumrauschtes Grafenschloß!

## AUFSCHREI

Für dies verzettelte Leben,
Das wie Wasser durch meine Hände rann,
Wenn ich es endlich lassen kann
Was wirst du mir, Gott, dafür geben?

O nicht dein Paradies!
Was sind mir Engel und weiße Märtyrerkronen?
Laß die Heil'gen und Büßer bei dir wohnen.
Mir gib die Erde wieder, die ich verließ!

Keinen menschlichen Leib voller Angst und Pein,
Sei barmherzig, gib diese Hülle mir nicht, –
O du weißt es nicht
Was es heißt in die Hölle der Städte geschmiedet zu sein!

Nein, du weißt nicht was es meint
Sich in dem Lärm der staubigen Straßen ganz zu verlieren,
In dem weißen Licht der Bogenlampen zu frieren
Hinter denen dein Mond so klein und kläglich scheint.

Grell aus der Dunkelheit rasen brausender Auto Lichter.
Zu dem stampfenden Trott der Huren und Schieber
Dröhnt der Puls der steinernen Stadt im Fieber,
O die heiseren Stimmen! O die stumpfen Gesichter!

Geschändet ist deine Erde drauf unsre Schuhe gehn,
Von scheußlichen Rohren durchzogen, von schweren Platten erstickt –
Wo blieb der sammetne Staub der unsre Sohlen erquickt,
Der sich liebkosend und weich schmiegte um nackte Zehn?

Wo sind die tauigen Felder, drin Leben Leben empfing?
Wo sind die rauschenden Wälder, aus deren dunklen Tiefen
Vögel, schluchzend wie Kinder, aus unschuldigem Schlummer riefen,
Über denen sprühend und weiß das Sternbild des Wagens hing?

O was taten wir Vater, der uns verstieß,
Daß du dein heiliges Erbe uns so entzogen,
Bis wir nicht wußten mehr um was wir alles betrogen,
Bis wir die Hand nicht suchten die unsre Kindeshand ließ! –

O die dröhnende Mauer von Stahl und Stein,
O dies erbärmliche Leben, gehetzt, gejagt und zerrissen, –

Nein, du kannst es nicht wissen
Was es heißt in die Hölle der Städte geschmiedet zu sein!

## ABSCHIED

Ich will noch einmal auf der Brücke stehn,
Und lang und schweigend nach der weißen Stadt
Blitzenden Dächern dort hinübersehn.
Es schläft die schöne Königin der Feste.
Die weißen Mittagswolken drüber stehn,
Als bauten weiter sich die Prunkpaläste
Bis hoch hinauf ins Reich des Sonnenlichts.
O schöne Stadt! Der frohste deiner Gäste
Bin ich gewesen! Heut bin ich ein Nichts,
Ein Bettler, den die Gunst des Glücks verließ,
Der vor dem Tor, verhüllten Angesichts,
Zur großen Schar der Heimatlosen stieß,
Die rastlos durch die dunklen Gassen eilen,
Dorthin, wo sie der Hunger wandern hieß!
Ich will ihr Los in harten Tagen teilen.
Doch einmal noch auf dieser Brücke stehn
Und zögernd hier, in schweigendem Verweilen,
Nach dir, du schönste Stadt, hinübersehn!
Dann aber, auf der Wallfahrt nach dem Brote,
Will ich im Zug der andern Wandrer gehn
Und vor uns wird, im Rauch der Riesenschlote,
Vor seinem Volk der Gott der Arbeit stehn!

## FRÜHLINGSMOND

O schmale Sichel, neugebornes Licht
Des jungen Maienmondes, sei willkommen!
Ach allzu lange warst du mir genommen
Und Wolkenheere trieben schwarz und dicht
Triefend von Regen durch die dunklen Nächte.
Nun aber schimmerst du aus heller Luft
Die blau und süß wie Hyazinthenduft
Und lockst was dir gehört nach heilgem Rechte.
Erbebend bis in seine Purpurtiefen
Schwillt stumm ergeben dir das Meer entgegen.
Es spüren dich in zuckendem Bewegen
Die dumpf im warmen Mutterschoße schliefen.
Die Mädchen stammeln wirr aus bangen Träumen
Unruhig zitternd wenn dein Strahl sie streift.
Du weckst was lautlos und verstohlen schweift
Grünäugig, scheu, aus Schluchten und aus Bäumen.
Du spülst wie Silberflut um junge Saat
Und blätterloser Wipfel schaumige Blüte,
Und alle Wege, die der Tag durchglühte,
Werden vor dir wie unser erster Pfad,
Da alles groß und fremd und wunderbar
Und alles Unschuld und Verheißung war.

Jungfräuliche in deinem weißen Schein,
Wenn du zum andern Male dich erfüllst
Wird dunkelblau wie süße Wasser sein
Der Himmel, der vor Wärme bebende.
Erglühen wirst du in der Dämmerung
Wie eine Braut. Und in der Niederung

Der Erde atmet alles Lebende
Den süßen Heugeruch der Wiesenweiten.
Aus wisperndem Ährenbett schluchzt Lust empor
Jäh wie ein Vogelruf. Der Frösche Lied im Rohr
Schwillt an und fällt und wechselt wie Gezeiten.
Der Herde warmer Brodem schwelt wie Rauch
Von dem zerstampften Uferrand der Tränken.
Die ihre schattendunklen Mähnen senken
Die Fohlen stehn reglos am Erlenstrauch.
An schlafender Gehöfte weißer Wand
Duftet Holunder und Jelänger-Jelieber.
Unruhig, halbwach summt im Sommerfieber
Das überquellende Volk am Bienenstand.

O allzu kurze Nacht! Du wirst noch stehn
Groß, voll und golden und dich niederneigen
Wenn schon in morgenwinddurchrauschten Zweigen
Die Vögel zwitschern. Wirst mit Staunen sehn
Das Land wie einen jungen Hirt erwachen
Schlaftrunken, froh, schauernd im frühen Tau, –
Und zögernd wirst du sinken in das Blau
Gebannt von seinem knabenjungen Lachen.

## DIE KRANKE

Nun ist es wieder wie damals als Kind:
Alle kommen zu mir und sind sonderbar groß.
Sie bringen mir Blumen, die duftlos und kühl wie Steine sind.
Sie setzen sich an mein Bett, die Hände müßig im Schoß.
Sie haben Zeit und Geduld und alle ein Lächeln zu geben.
Sie neigen sich über mich und erzählen von ihrem Leben,
Einem fremden Leben auf lauten Straßen, das geht mich
garnichts an.
Aber wenn die Großen fort sind, denke ich gern daran.

Was sie erzählten, schimmert dann bunt und kraus
Wie ein Säckchen Perlen. Ich suche die schönsten heraus
Und fädle sie auf die Schnur meiner Gedanken.
Die schöne bunte Kette laß ich im Lichte schwanken.
Wie lustig sieht das aus! Ich höre ganz weit
Schritte und Stimmen und spüre wiegende Schläfrigkeit.
Und ich denke: Wie gut doch die Großen sind!
– Nun ist das wieder wie damals als Kind.

## NÄNIE

So purpurn flammt, so golden
Der Wald, wie in dem holden
Herbst, den Dein letzter Blick erhellt.
Und wie die Tage kamen
Noch einmal hallt Dein Namen
Aus dem Gebraus der unruhvollen Welt.

Wie klingt, was lang verstoben
Aufs neu der Welt verwoben,
Dem Herzen fremd, das Dich vermißt!
Was wollen Lob und Streiten
Und Unrast dieser Zeiten
Dort noch bedeuten, wo Du bist!

Der Tag, in dem wir stehen
Und Lob und Streit vergehen
Wie auf dem Spiegelglas ein Hauch.
Von Glück, von Stolz, von Lieben,
Was ist für mich geblieben?
Auf Deinem Grab ein blühender Rosenstrauch.

## WANDLUNG

Nimm die Hülle, die ich hier getragen,
Brauner Sarg, in deine Ammenhut.
Wenn die Schollen auf den Deckel schlagen,
Grab, wie ruht es sich so gut
In den Kissen wie ein Kind geborgen!
Nicht mehr aufgeschreckt von einem Morgen.
Müde Füße, braucht nicht mehr zu gehn.
Müde Augen, braucht nun nichts zu sehn.
Hingegeben trunkner Schläfrigkeit,
Aufgelöst in tiefste Dunkelheit,
Darfst du, Leib, schmelzend wie Schnee vergehn!

Seine Last vergessend wie ein Kleid
Ruh ich, Liebe, feiernd dann in dir.
Läuterung und seliges Genesen
Kreist du frühlingsglühend durch mein Wesen
Wie der Saft durch junge Knospen quillt.
Und ich fühl dich, Liebe, über mir,
Schirmend, nährend, all mein Sein erbauend –
Ach, in einem Gleichnis nur dich schauend:
Einer irdischen Mutter Gnadenbild!

Und vergebend, Liebe, sprich dein Werde!

Laß mich überm abendstillen Land
Durch des Junitags verlodernden Brand
Niedergleiten auf die grüne Erde –
Einen Tropfen Tau aus deiner Hand!

## SCHÜTZE

Mit den Wintersternen
Komm ich heraufgezogen,
Zu unendlichen Fernen
Zielt mein silberner Bogen.

Blitzt sein Gefunkel
Weihnachtlich schon
In Nebel und Dunkel
Sinkt der Skorpion.

Von Grübeln schwerer,
Zornmütiger Bruder Du,
Aller Erkenntnis Lehrer,
Geh endlich zur Ruh!

Vor mir, wo Eishauch quillt
Aus blauen Schluchten,
Springt schon des Steinbocks Bild
In jähen Fluchten.

Hoch zu der Firne
Glänzendem Grat
Lockt es Jahr und Gestirne
Wenn der Sieghafte naht.

Zu raschen Ruhmes Schein
Früh schon erkoren,
Stehn auf der Höhe allein
Die ihm geboren,

Stürzen von steilem Rand
Wie Sterne versprühen,

Fängt nicht des Wassermanns Hand
Sänft'gend ihr Glühen.

Aber die Meinen
Brauchen zu zagen nicht,
Sollen nicht weinen
Scheint auch erstorben das Licht.

Auf dunkelsten Pfaden
Ich noch keinen verlor, –
Denn aus Gnaden
Trag ich die Meinen empor.

Mit den Wintersternen
Über verschneitem Land,
Zu unendlichen Fernen
Den silbernen Bogen gespannt,

Zwischen Licht und Düster,
Sterben und Sein,
Schließ ich der Sternengeschwister
Leuchtenden Reihn!

## ALTER

Als ich ein Kind war
Lagst Du ferne von meinem Wege, Alter,
Wie die weißen Gipfel der fernen Berge,
Strahlend im Morgenscheine über der Blüte
Rosiger Wipfel und golden blühenden Wiesen.
Nie erreichbar schienst Du mir und den jungen
Frohen Gespielen.

Aber näher kamt Ihr, blauende Berge.
Wetterwolke stieg auf an schlummerndem Mittag,
Lastete schwer auf Grat und silbernem Ferner.
Wetter rollte, – doch sieh, es rollte vorüber.
Immer noch blühte der späte, lindere Sommer.
Garben standen im Feld. Es glühten im Garten
Letzte Rosen und erste, duftlose Dahlien.
Noch um den Tisch mit mir, dem karger gedeckten,
Saßen die Meinen.

Alle nicht mehr. Schon folgten dem ersten, der frühe
Stumm gegangen, die andern, gerüstet zur Reise,
Wandten sich nicht und blickten nicht mehr herüber,
Unerreichbar der bangen Bitte des Herzens,
Unerreichbar der Hand, die sehnend sie suchte.
Und es sank die Dämmrung, die zögernde, frühe,
Über den Garten, drin still die Blüten verwehten.
Bleich übers Tal her grüßten die fernen Gipfel,
Und ein Licht schien schwankend bergauf zu wandern
Auf zu den Firnen.

Und ich ging zu suchen die lange Verlornen.
Frühe Nacht kam, milde, mit klarem Mondlicht.

Duftete warm die umgebrochene Scholle,
Duftete süß das Obst aus schlafenden Gärten.
Bank bot Rast und Labe der fremde Brunnen
Unter dem friedlich schlafenden Giebel des Hofes,
Den sein klingendes Liedchen tröstend bewachte.

Junger Stimmen Singen scholl hallend talüber,
Füllte mein Herz wie Zuruf. Schon sah ich
Über dem Tal aufsteigend des neuen Tages
Silbernes Sternbild.

Aber steiler der Weg und müder die Füße.
Wald noch rauschte um mich. Aus dunkler Tiefe
Murmelte Bergstrom her als letzter Begleiter.
Jagender Sturm, der eisig der Frühe voranflog,
Peitschte stäubenden Schnee um steinige Halde.
Grauen atmete lähmend vom nachtgeborgnen
Schlunde des Gletschers.

Nie zu erwandern schienst Du, Gebirge Alter!
Aber nun stehe ich hier auf dem weißen Schneefeld.
Einsam dehnt es sich um mich, erstarrt und feindlich,
Aber droben steigt es in wachsender Klarheit,
Glänzt, die Grate säumend, in goldenem Lodern, –

Unermeßlicher Glanz
Trinkt, wie Glut das Holz, die vergehende Hülle.

O wie blüht Deine Wange wie Frühling und Jugend
Ewigkeit, mir so nahe!

## HERBSTGESANG

Über dem herbstlichen Hang
Flammen die Gärten, blumenbunt, –
Jugend, so rank und schlank,
Wie rot ist dein Mund!

Wehendes Haar, federnde Knie,
Rosenjunges Herz, lachend und unbeschwert, –
Lerne es nie
Was uns das Schicksal gelehrt!

Einmal wie Du
Gingen auch wir, Hand in Hand,
Durch das Land Nimmermehr.
Grüne, grüne Zweige neigten sich
Über das Gartentor, wo Liebe stand
Wartend in Ruh, –
O wie das Laub, das grüne Laub verblich,
Im Land Nimmermehr!

Dunkelheit sank schwer wie ein Leichentuch.
Nacht tat sich flammend auf.
Rollte ein eherner Pflug
Aus der Tiefe dröhnend herauf.
An seinen Wegen
Sind die Völker wie Schollen gebrochen, gesunken,
Erde hat wie Regen
Tränen getrunken,
Tränen und Blut.
Meer ward zum Grab
Sog Leben in sich hinab.

Rauschte die Flut
Über das Land Nimmermehr, –
Klingt nichts zu uns her, – –

Jugend, so rank und schlank,
In deinen Tag wandere singend hinein!
Erde ward neu und bereit, dein Eigen zu sein.
Wartet schon, grünendes Land,
Deine Spuren zu sehn,
Dienend in Halm und Tier, deine Kniee zu streifen,
Dich geleitend, Rebe und Freund, mit dir zu reifen,
Blume und Frucht, glühend und bunt,
Mit deiner sinkenden Hand
Spät in goldenem Herbst zu vergehn, – –

Jugend, wie rot ist dein Mund!

## DAS LIED DER TOTEN

Aus dem geborstnen Gefäß das die Hand des Todes zer-
schlug
Stiegen wir auf wie Rauch, den der flutende Äther trug.
Von des Namens Bann, vom Zwang des Geformten befreit
Treiben wir hin im Strom der Lautlosigkeit.
Ohne des Schauens Lust, ohn des Verlangens Begier,
Ohne der Kälte Qual, ohne der Stunden Maß – ruhen wir
Eins mit dem andern vereint wie das Unbefruchtete harrt
Wunschlos erfüllt von göttlichen Lebens Allgegenwart.

Aus der Erscheinungen Welt durch der farblosen Nebel Meer
Braust der Vergänglichkeit wirbelnde Unrast her.
Zuckt ein Erinnern auf das wie Kreise im Wasser verrinnt, –
Aber vor einem zerreißt es wie Wolken im Wind.
Gleißend in schillernder Schuppen wechselndem Prangen
Dehnt sich Staubesversuchung vor Schattenverlangen.

„Herrlichkeit der Erde, die einst ich besessen,
Was ist Gott an deiner Süße gemessen?
Felder in Ähren wispernd dampfend wie Brot,
Bienenbeuten der Städte kochend vor Lärm und Not,
Lust des gestillten Hungers, verebbenden Werktags Last
Wenn ich wie ihr versank in atmenden Schlafes Rast,
Wenn ich wie ihr in Einsamkeitsschauern gejammert,
Wenn ich, lechzend wie ihr, fremdes Leben umklammert –

Mund den ich küßte so hast du stammelnd vor Liebe ge-
sprochen,
Augen so seid ihr selig in Wollust gebrochen,
Pochender Pulse Rausch, verströmendes Glück,
Glühender Mutterschoß gib mich der Welt zurück!" – –

Süßer Erlöser Tod der die morsche Form zerschlug
Daß uns des reinen Äthers flutende Welle trug,
In dem lautlosen Strom, vom Fron der Stunde befreit,
Treiben wir eins dem andern untrennbar Geleit.

Ohne zu schaun von ewigem Lichte trinkend,
Wunschlos in ewigen Friedens Genüge versinkend,
Ganz geläutert von Furcht drin das Gezeugte verharrt,
Ruhn wir erfüllend erfüllt in Gottes Allgegenwart.

# STIMME DER HEIMAT

O Ihr, aus deren Blut ich kam,
Ihr, deren Staub im Winde schwebt
Und deren Lust und deren Gram
In meinen Adern pocht und lebt,

Mein eignes Herz hab ich belauscht
Und summend klang es, wie ans Ohr
Des Kindes eine Muschel rauscht.
Es ward zum Lied. Es ward zum Chor.

Zersplittert fühlte ich mein Ich
In euer Wesen tausendfach,
Im Dunkeln trieb und irrte ich
Hundert verkreuzten Wegen nach –

Dann kam der Wille, der euch zwang
Und mich empor zum Lichte hob.
Und es war meines Namens Klang,
Der euch zu eins in mir verwob.

## URHEIMAT

Sie stiegen hier
An dieser Küste aus dem Schlittenboot,
Und glückverheißend hob ins Morgenrot
Vom Dünenwalde sich der Reiherschwarm
Und stieß wie Pfeile klingend, haffwärts nieder.

Das Land lag wie ein Tier
In Sumpf und Dickicht. Hob verschlaf'ne Lider
Und starrte ihnen scheu und leer entgegen
Und ließ sie willig doch und dumpf heran.
Sie legten ihm den hölzernen Halfter an.
Da bäumte es sich auf im Frühlingsregen,
Tobend in seiner kochenden Ströme Wut
Die ihm wie Adern bei dem Brüllen schwollen.

Sie aber rangen keuchend mit der tollen
Zermalmenden Urgewalt und zwangen sie
Strömend von Schweiß, den sie leis witternd trank.
Und lockten sie mit Spenden und Gesang
Und mit Geduld.
Und zähmten sich und sie.

Bis ihrem Pfluge sich die Ackerschollen
So willig wie ein Fell zum Streicheln boten.
Bis ihre Kleinen sie wie Junge nährte
Und still bewachte ihre schlafenden Toten.

Und bis aus ihnen atmete dies Land
Und es aus ihrem Mund den eigenen Namen fand.

## HERZOG SAMO

*Eine Totenklage*

Kummer gab das Holz zu meiner Laute,
Tränenschnüre bildeten die Saiten,
Und Erinnerung ersann die Weise,
Als sie sang im Laub der Trauerbirken
Die an jenem Heidehügel stehn.

Einstmals neigten sich die Birkenzweige
Über Rosmarin und Raut und Rosen.
Herzog Samos schlanke Töchter schritten
Spindeldrehend, singend durch den Garten
Schritten willkommrufend zu der Pforte,
Wenn der Vater heimritt und die Brüder
Durch das abendrote Heideland.

Sieben Kinder hatte ihrem Gatten
Die Genossin seines Betts geboren,
Sieben Kinder einer frohen Liebe.
Dunkelbraune Bernsteinperlen küßten
Liebevoll der Mädchen rosige Kehlen,
Durch der Knaben weiße Leinenhemden,
Bunt gestickt von fleiß'gen Mutterhänden,
Küßten Heidewind und Sommersonne
Ihre Herzen die so fröhlich schlugen.

Einst an einem sonnenhellen Maitag
Fragte Herzog Samo seine Kinder,
Die mit duftend grünen Birkenreisern
Seiner Türe Pferdeschädel schmückten:
„Meine Söhne, liebt ihr euer Leben?"

„Ja, mein Vater, lieb ist mir das Leben,"
Sprach der Älteste, „als wie mein Bogen."
Sprach der Zweite, „wie die Angelrute,"
Sprach der Dritte, „wie mein blankes Messer,"
Sprach der Vierte, „wie mein braunes Pferd!"

Und der Herzog fragte seine Töchter:
„Meine Töchter, liebt ihr euer Leben?"
„Ja, mein Vater, lieb ist mir mein Leben,"
Sprach die Erste, „wie mein Perlenkettchen,
Wie mein erdbeerroter Festtagsgürtel,"
Sprach die Andre, „lieb ist mir das Leben
Wie die Blumen meines kleinen Beetes,"
Sprach die Jüngste, „lieb ist mir mein Leben
Wie die Kinder, die ich tragen werde!"

Durch die Birken strich der kalte Herbstwind,
Durch das Land des Herzogs strich ein Klagen.
Mit des Schneesturms Schnelle durch die Heide
Flog ein Kriegervolk in weißen Mänteln.
Schrecklich war ihr Antlitz, erzverkleidet,
Von dem Eisen ihrer Rüstung sprangen
Kraftlos Preußenpfeil und Weidenspeere.

Furchtbar wie der Hagel gingen sie
Durch die Gerstenfelder und die Triften.
Ihre blanken Schilde schwangen sie,
Drauf ein großes schwarzes Kreuz geschlagen
Und ein Kreuz, daran ein Toter hing,

Ragte düster über ihrem Haufen.
Herzog Samos Krieger riefen fallend:
„Weiche, Herzog, jener Mann am Kreuz,
Jener Nackte mit der blutigen Stirne
Ist das Abbild deines armen Volks!"

Und sie sandten hin zu Herzog Samo:
„Herzog Samo, höre unsre Rede:
Beug dich unserm Schwert und unserm Gotte,
Unserm greisen Führer schwöre Treue
Am Altare des, zu dem wir beten!
Deinen schweren Schwur wird er belohnen,
Wie ein Christ des Christen Treue lohnt,
Wie ein Fürst der Welt den andern Fürsten,
Der im Kampf mit ihm den Schild zerspellte.

Auf den weißen Rossen, die wir bringen,
Werden deine Söhne westwärts reiten
In die stolze Pfalz des deutschen Kaisers.
Tanzen werden sie mit Königstöchtern,
Mit des Kaisers greisen Räten tafeln,
Mit Prälaten in die Messe schreiten.

Unsre Blutsverwandten werden kommen
Von den Burgen her, von Rhein und Saale,
Werden frein um deine blonden Töchter.
Deine Enkel werden Grafen sein,
Deine Kindeskinder Kronen tragen."

Und sie sprachen: „Woll uns Antwort geben
Bis zum Morgengrauen, Herzog Samo –"

„Antwort soll euch werden," sprach der Herzog,
„Wenn der Himmel sich im Osten rötet.
Ruhet aus im Frieden meines Hauses,
Auf dem duft'gen Heu in eurer Kammer."

Als die Sendlinge der Fremden schliefen,
Trat der Herzog traurig in die Halle.
Bleicher werdend sprach die bleiche Gattin,
Die am Herde saß im Kreis der Kinder:
„Mein Gemahl, du kommst im Leichenlaken?"
Weißer als des Trauertuches Linnen
Sprach der Herzog einen Kelch erhebend,
Der aus klarem Bernstein war geschliffen,
Der im roten Licht des Feuers flammte:
„Ja, mein Weib, ich komm im Trauertuche,
In der Morgengabe deiner Liebe,
Schwer das Herz und in der Hand den Tod.
Meines Glückes lächelnde Gefährtin,
Meiner Unglückstage stolze Freude,
Beuge nieder dich zu deinen Kindern,
Küsse ihre Stirn zum letzten Male.
Die du einst mit mir zum Leben gingst,
Heute gehst du mit mir in den Tod."

Niederknieend sprach des Herzogs Gattin:
„Laß mich dankbar deine Hände küssen
Für die Freuden dieser zwanzig Jahre.
Selig wie ich dir ins Brautbett folgte,
Folge ich dir heute in den Tod –"

Und sie wandte sich zu ihren Kindern,
Aber Jene wandten sich von ihr.

Sprach die Mutter: „Meine lieben Kinder,
Die mit Schmerzen ich geboren habe,
Habt ihr keinen Blick für eure Mutter,
Habt kein Abschiedswort für euren Vater?"

Schweigend standen Jene, abgewendet.
Endlich hob der älteste der Söhne
Sein Stimme. Klagend klang die tiefe,
Wie der Wind der in dem Schlote heulte:
„Nein, wir haben unsre Abschiedsworte
Nicht für ihn, der zu gering uns achtet
Seinen stolzen Spuren nachzufolgen,
Der die Gattin schmäht in letzter Stunde
Die verleugnend, die sie ihm gebar.
Jeder Häuptling unsres alten Volkes
Heißt im Sterben seine Diener sterben,
Heißt die Hunde töten, die ihn liebten,
Heißt den Hengst erdolchen, der ihn trug, –
Herzog Samo geht und heißt uns bleiben!"

Also sprach der Jüngling. Herzog Samo
Senkte seine Stirne, tiefbekümmert:
„Ferne war's mir, euren Stolz zu kränken.
Eurer lebensfrohen Worte dacht ich,
Die ihr einst gesagt an jenem Maitag.
Jenem Leben, dem so sehr geliebten,
Wollte ich die frohe Jugend lassen,
Die aus meinem Samen mir gekommen.

Als im Osten sich der Himmel färbte,
Standen auf vom Schlaf die Ritterboten
Und sie traten nieder in die Halle,
Herzog Samos Antwort sich zu holen. –
Sieh, da fanden sie am kalten Herde
Tot den Herzog, fanden tot die Gattin,
Tot die Kinder wie erfrorne Saat.

Als der Herzog Samo nun gestorben,
Als gestorben war was ihm geboren,
Zog er nach sich, wie die Toten tun,
Seines Volkes Beste in die Erde.
Über Gräber ging der Weg der Ritter,
Ihre Festen bauten sie auf Hügeln
Drin die Krieger unsres Volkes ruhn.

Wenige von uns nur sind geblieben
Um zu klagen in den Mondscheinnächten
Über Jene, die dahingegangen,
Um zu klagen über Herzog Samo.

Sieben Jahr sollst du um Tote klagen,
Die befreundet dir und lieb gewesen,
Zwanzig Jahr sollst du um Jene trauern,
Die aus gleichem Blut wie du geboren,
Hundert Jahre aber soll ein Volk
Seines letzten Fürsten Tod beweinen.

Hundert Jahre bald schläft Herzog Samo.
Bald am Stamme jener Trauerbirke
Werde meine Harfe ich zerschmettern.

Ruhm und Reichtum wird es für euch haben
In dem Land der blonden Christenritter:
Jagen werdet ihr mit goldnen Bogen,
Fischen werdet ihr mit Silberangeln,
Edelsteinbesetzte Dolche tragen,
Zelter reiten wie ein Göttersohn.
Meine Töchter werden Mäntel tragen,
Faltig, wie die Göttin jener Fremden,
Werden wandern in den großen Gärten
Die des Westens Sonne bunter färbte,
Werden eines Königs Kinder wiegen" --

„Nimmer", sprachen finster da die Knaben,
„Nimmer", sprachen bebend da die Mädchen,
„Wird es also kommen wie du sagtest!
Käm es aber, müßten an den Lauten,
Die in unserm Land von Herzog Samo
Und von seinem Weibe singen werden,
Schrillend wie in Qual die Saiten springen,
Wenn sie unsrer Namen nur gedenken!"

Und sie knieten nieder: „Herzog Samo,
Eine Bitte wolle uns gewähren!
Laßt uns nicht das Leben sterben sehn
Das uns zeugte, laßt uns früher sterben!"

Und sie neigten sich und küßten lange
Eh sie tranken aus dem Bernsteinkelche,
Ehrfurchtsvoll des stolzen Vaters Füße
Und den Saum an ihrer Mutter Kleid.

Nie mehr werde ich die Kunde singen
Von des Herzogs Samo stolzem Sterben,
Schweigen wird mein Mund und mit mir schweigen
Wird das Volk, das seinen Tod beweinte.

Mit des Herzogs Namen wird verklingen
Jene Sprache, die um ihn geklagt.

## HENNING SCHINDEKOPF

*Marienburg*

Um die Hochburg der deutschen Ritter klang
Wie Schlachtruf der Nogat Frühlingsgesang,
Als Winrich Kniprode am Ostertag
Das Gebet für die Brüder im Felde sprach.
Da ritt ein Bote durchs Nogattor:
„Hochmeister, mich schickten die andern vor,
So lassen sie sagen: der Deutsche Orden
Ist Herre des Herzogs Kynstudt geworden.
Litauen ist still. Der ihm jäh und jach
Des Aufruhrs Sporn in die Weichen stach,
Herzog Kynstudts Fuß trägt klirrende Ketten."
Sprach Winrich: „Wir wollen den Wilden betten
In tiefstem Verließ, unter gurgelndem Wasser.
Doch sage, wer band den Christenhasser?
Wes Hand war so hürnen, daß das Gebiß
Des wütenden Wolfes sie nicht zerriß,
Sprich, Bruder Henning, wer war der Mann?"
Henning Schindekopf sah den Meister an,
Henning Schindekopf sprach:
„Ock sülvst!"

*Königsberg*

Zu Königsberg in dem Ordensschloß
Wer ist Herr über Ritter und Troß,
Wer sitzt im Remter zu oberst beim Mahl,
Stählern der Panzer, die Glieder wie Stahl,
Eine Bauernstirn und ein roter Schopf?
Das ist der Marschall Schindekopf,

Marschall Schindekopf, vor dem in Schweigen
Komtur und Trappier sehr tief sich neigen.
Hochmeister Winrich Kniprode und er,
Sie lenken das Land, sie leiten das Heer.
Marschall Schindekopf trägt den Stab mit Frieden,
Neun Jahre des Segens sind Preußen beschieden.
Auf den Feldern, die Kynstudts Hengst zertrat,
Wogt hoch um Walpurgis die Wintersaat.
In den Werderwiesen weiden die Pferde,
Mit läutenden Glocken geht die Herde, –
Der Marschall reitet langsamen Schritt,
Die Pflüger singen, sein Herz singt mit:
Stolz wählte ich mir den Wappenspruch,
Als Winrich, mein Herr, zum Ritter mich schlug,
Stolz sprach ich es damals am Hochaltar
Vor der adlig geborenen Brüder Schar,
Aber stolzer sag ich es heute zu mir, –
Wer gab diesem Lande des Friedens Panier?
Sag's dir, Henning Schindekopf!
Öck sülvst!

– – – – – – – – – – – – – – – – – – –

Schrecken lief um auf allen Wegen:
„Litauen steht auf! Es zieht uns entgegen,
Herzog Kynstudt führt wieder sein Volk zum Streit,
Herzog Olgerd reitet ihm zur Seit,
Auf falben Rennern mit raschen Pfeilen
Naht Hunger und Tod. Entflieht mit Eilen!"
Bei brennender Dörfer Feuerschein
Drängte das Volk zum Stadttor hinein,

Und sie standen viele hundert Seelen,
Im Schloßhof bei rotem Kienspan-Schwelen,
Dreschflegel und Sensen trugen sie,
Vor dem Marschall beugten sie das Knie:
„Marschallk Schindekopf, Bauernsohn,
Du zwangst den Werwolf einmal schon,
Würgend zieht er wieder durchs Land
Vom selben Wurfe noch einer erstand,
Sie dürsten nach Blut, wie neue Klingen,
Von deinem Tod ihre Lieder singen.
Marschallk, wirst du gegen sie gehn,
Marschallk, der Bauer wird zu dir stehn!"

*Rudau*

Über Rudaus Walstatt flog schattend die Nacht,
Verbrandend rollten die Wogen der Schlacht,
Weich fielen die Flocken, weiß und schwer
Über das sterbende Litauerheer.
Doch aus dem Lager der Christen klang
Kein Reiterlied, kein Lobgesang.
Schweigend des Ordens Gebietiger stunden
Um Marschall Henning, den Todeswunden.
Rot sein Mantel im Winde schlug,
Seine Stirn eine purpurne Binde trug.
Aufschrak er vom Schlaf: „Ist die Schlacht geendet?"
Und Winrich Kniprode drauf, abgewendet:
„Sie ist geendet. Die Nacht kommt heran."
Langsam fragte der sterbende Mann:
„Meister, wes ist der Sieg?" und der Greise
Sprach: „Wir siegten." Er sprach es leise.

Und lauter dann: „Mein Henning, merk auf,
Schneewolken zogen um Mittag herauf,
Den Himmel verbarg es schwarz und dicht.
Die Brüder droben wissen es nicht
Daß der Orden Ruh fand für alle Zeit.
Der Ritt dorthin ist beschwerlich und weit.
Wer wird es Hermann von Salza sagen,
Daß wir Olgerd und Kynstudt geschlagen?" –
Sprach Henning Schindekopf:
„Öck sülvst!"

LIED DER KULMER

Das ist des deutschen Siedlers Art
Durch die der Sumpf zu Segen ward,
Brache zu Acker, Lehm zu Dom,
Und Urgewalt zu Segensstrom:

Auf eignem Hofe Herr zu sein
Mit schlichter Rede Ja und Nein,
Ein Freier unter Seinesgleichen!
Zu leiten was vom Weg geirrt,
Der Seinen und der Herden Hirt,
Zu wahren Beide, Arm und Reich,
Der Sippe Zucht, des Stromes Deich, –
Denn wer nicht will deichen,
der soll weichen! –

Doch brausen Krieg und Flut heran
Jedermanns Knecht sei Jedermann!
Jedermanns Knecht sei Jedermann!!

## LIED DES GEDIMIN

„O Du am Strande, Du Bernsteinmädchen!
Was stehst Du barfuß hier an dem Ufer,
Was fliegt im Winde Dein helles Haarchen,
Was weinst Du Schöne, so bittre Tränen,
So wogenhelle?"

„Du hast mir, Jüngling, den Vater getötet,
Vom Blut der Brüder ist Dein Schwert gerötet!
Drum steh ich barfuß am stürmischen Strande,
Drum wein ich Tränen
Wie helle Wogen!"

„O schönes Mädchen, Du Bernsteinmädchen!
Trockne die Tränen an meinem Mantel,
Steig in den Bügel, spring in den Sattel,
Du Dünenblonde!

Will mit Dir reiten zum goldnen Wilna!
Will dort Dich tragen ins seidne Bettchen,
Will mich Dir schenken statt Deines Vaters, –
Statt Deiner Brüder will ich Dir geben
Die Zwillingssöhne, die Kriegerknaben!
Die Weitberühmten!"

## SANKT MARIEN ZU ELBING

Stadtschirmende Greisin steh ich. Mich gebar
Die aller Preußenstädte Ahnin war.
Truso, die Urvolkfürstin, die Mutter mein,
Die edle Ilfingtochter, schläft unterm Heidenstein.
Viel tapfres deutsches Blut hat teuer mich erkauft,
Die frommen Predigermönche haben mich getauft.
„Sankt Marien zu Elbing" ward ich genannt,
Lübische Hanse bei mir Pate stand.
Landmeister Hermann Balk, der Herre mild,
Gab mir zur Wiege sein Ordensschild.
Die weisen Väter hämmerten in den Grund
Des Eichenrostes Helling, daß ich sicher stund.
Sie wölbten kunstreich, wie Noah vorbedacht,
Meiner Arche Halle, wuchtig und ungeschlacht.
Zum roten Markttor grüßte des Chores schlanker Bug,
Der die Wunderlilie des hohen Fensters trug.
Über Werft und Masten, über weite Niederung
Ragt des Staffelgiebels stolzer Bogenschwung.
Auf meinem steilen Dach, bewimpelt und spitz,
Hat der grüne Glöckner seinen Wächtersitz.
Sein Lotsenruf holt gute Zeit herein,
Tod mahnt aus ihm „Schiffszimmermann, steig ein!"

Deren Tuch und Malz Speicher an Speicher barg,
Gottes Speicher, – hüt ich nun ihren Sarg!
Es ruhen im Kreuzgang und im Klosterhof
die Kaufherrn aus London und die vom Artushof,
Unter meinem Sterngewölb hielten alle Zünfte
letzter Morgensprach Zusammenkünfte.

Vor der Weichselfahrer Altar aufgebahrt
ging Reeder und Schiffer auf Große Fahrt!
Süß sang's vom Pfeiler aus buntem Orgelnest,
Hell klang's vom Sängerchor. Sie schliefen fest.
Doch horchten sie auf in ihren Fliesenbetten
Beim Landungswurf der Taue, beim Knarren der Anker-
ketten.
Ihre Herzen wollten wieder schlagen
Hat Westwind von der Werft das Hämmern hergetragen.
Wie Schifferruf im Nebel es aus den Grüften rief
Wenn dampfend aus dem Dock wieder ein Schiff vom Stapel
lief!

Nun hör ich ihr Klagen an allzu stillen Tagen,
Wie Flut an leeres Bollwerk, an die Altarstufen schlagen:
„Du goldne Mutter im schöngeschnitzten Altarschrein,
Soll unsre Stadt nicht mehr Dein liebes Schoßkind sein?
Du, schwebend vor der Chorwand, gekreuzigter Gott,
War, was so herrlich stand, vor Dir nur Wrack und Schrott?"

Hör ihre Klage, Herr, aus meiner Glocken Dröhnen!
Am Ufer knie ich hier mit Töchtern und mit Söhnen.
Von Deiner Mutter Knie – o sieh mein graues Haar!
Bedenk, ich heiß wie sie, die Dich im Stall gebar!
Es war der Greisin Sohn, der Dir zum Gruß sich regte,
Der seine Täuferhand auf Deine Stirne legte,
Es war ein Zimmermann, der Ehrwürd'ge, der Dich pflegte,
Es war des Schiffers Kahn, von dem Du riefst die Deinen, –

O speise, Pelikan, erbarmend meine Kleinen!

## HEINRICH VON PLAUEN

*Lochstädt 1429*

Grau und schlaff
Dehnt sich das Haff.
An der Straße von Bischofshausen
Müssen noch Linden in Blüte stehn:
Ich spüre den Duft im wandernden Wehn
Und höre heimlich wie Bienenbrausen
Das sachte Rauschen der brandenden See.

Nie rastendes Weh,
Immer wogendes Leid, dessen salzige Fluten
Bis zur Seele mir gingen, nun lege auch du,
Wie das Meer da draußen, dich endlich zur Ruh.
Mit diesem Sommer wirst du verbluten
Herz, das nie gelernt zu entsagen.

Durch das Hoftor schwanken die Erntewagen,
Die Ochsen schnauben, die Räder knarren.
In dem fliegenden Staub goldendurchsonnt,
Seh ich mich selber mit sieben Jahren,
Seh ich die Brüder, langlockig und blond
Und durch den Frieden des stillen Altans
Klingt die zittrige Stimme des Schloßkaplans:
‚Etliches aber trug hundertfältig.‘

Ich habe so lange nicht mehr geweint, –
Ich hatte gemeint
Meine Augen versiegten seit jener Nacht
Da mir der Bote die Kunde gebracht

Daß in Tannenbergs qualmenden Mooren
Rudaus Ruhm für immer verloren.

Wie sie dich schmähten, Jungingen!
So wanderte später, vom Haß bespien
Landflüchtig wie Kain, gehaßt wie die Sünde
Mein Name von Thorn bis Dünamünde.
Doch der für dich seine Lanze brach,
Der Tod, – wich immer von meiner Schmach!

Ich hatte dich einst so schnell vergessen, –
Nun denke ich oft der alten Zeit:
Wir wurden zusammen zum Ritter geweiht.
Durch die Schöne Pforte schritten wir,
Zart und schlank gingst du neben mir,
Deine Hand war weiß wie die Hand einer Frau,
Meine Hände waren haarig und rauh –
Und den Starken zermalmte die gleiche Bürde!

Am Morgen danach wir ritten zur Jagd,
Du löstest dem Falken die grüne Kappe
Und sporntest den Hengst und gabst nicht acht,
Da griff ich die Zügel, — hoch bäumte dein Rappe
Und ich rief und war heiser vor blindem Zorn:
„Bruder Ulrich, dein Hengst zerstampft das Korn!" –
– Groß sahst du mich an. Dann hast du gelacht.

Was war euch Andern die Mark im Norden?
Ein Forst zum Jagen, ein Platz zum Turnei!
Eure Ehrsucht stillte der Deutsche Orden,
Eure adlige Armut machte er frei.

Ich aber, der still hier oben verderbe,
Ich kam in dies Land wie in mein Erbe,
Jeden Fußbreit Boden hab ich geliebt.

Vor fünfzig Jahren blond und jung,
Durch den Mittagsdunst der Niederung
Auf die Hochburg bin ich zugeritten.
Aus gläsernen Steinen, buntgeschnitten,
Blinkte das Bild Unsrer Lieben Frauen.
Und ich fror in der Glut, geschüttelt von Grauen, –
Ich, der nie das Fürchten gekannt!

Und gluh und starr und unverwandt
Viele Nächte der Freiheit und alle der Haft,
Spürt ich des Bildes dunkle Augen
Rastlos das Mark meines Lebens saugen.
Und ich sprach, von Grauen und Qual erschlafft:
„Die Schwüre, widerwillig gesprochen,
Hundertmal hat sie mein Herz gebrochen,
Um dieses Land, für das ich stritt."

Und das Spukbild lächelte, wenn ich litt.

Jetzt kam es lange nicht mehr.
Mein Schlaf ward traumlos, tief und schwer,
Wie der Schlaf sehr alter Leute.
Doch seltsam, heute
Zog es wieder über mein Weh
Wie wandernde Wolken über die See.

Ich will hinab nach dem Hof zu sehn.
Daß ich so frei darf gehn,
Ist mir noch immer wie ein Traum.
Früher merkte ich's kaum
Wenn ich Stunden und Stunden im Sattel gesessen.
Ich glaube ich habe das Reiten vergessen!
Meine Füße sind schwer, die Stiege ist steil,
Es dauert eine gute Weil
Bis die Hand den Riegel zurückgeschoben.

Heiß und schwül war es droben,
Hier im Hof ist es kühl und abendstill.
Aus den Ställen kommt der Kühe Gebrüll.
Wie Gold ist die Luft.
Purpurn im Abendduft,
Über dem flutenden Tief
Ragt die Feste.
Die immer leiser rief
Die See, schläft ein.
Der Abend allein
Ist das Beste –

## DAS OPFER

Der Amtmann saß im Saale, da kamen sie langsam herein,
Spuckten aus und zogen die Mützen, sie kamen zu zwein und drein,
Vierschrötig, kurzbeinig und sonnverbrannt, an die hundert Mann.
Sie schoben sich vor den Richtertisch und starrten den Amtmann an.
Sie rochen nach Salz und Seewind, sie rochen nach Kienrauch und Teer
Der Amtmann schnitzte am Federkiel: „Willem Pönopp, komm mal her,
Es geht durchs ganze Samland über dich ein groß Geschrei:
Der Willem verlockt die Fischer zu heidnischer Zauberei.
Ich bin kein Pfaff und kein altes Weib und schreie nicht Mord und Zeter,
Auch ward das Holz seit der Schwedennot zu knapp für Missetäter,
Ich ließ mit Birkenruten dich schlagen hageldicht,
Doch jetzt von eurem Teufelswerk gib mir genau Bericht."

„Herr Amtmann weiß wie wir selber, der Schwede lag
Vor Dirschkeim auf dem Wachbudenberg Tag um Tag.
Wir sahn seine Feuer rauchen und sahn auf der See
Seine großen Schiffe schaukeln und schrien Ach und Weh.
Wir rannten in die Kirche und sangen vor Angst verstört.
Aber Gott und sein Sohn Jesus haben uns nicht gehört.
Der Schwede mit seinen Netzen fing unsere Fische fort
Und lauerte satt und gierig auf dem Berge dort.

Da sprachen wir untereinander: ‚Er traut noch nicht ins Land,
Aber weil er Fisch wie ein Reiher frißt, weicht er nicht vom Strand.‘
Und ich sagte: ‚Ich weiß Einen der kann die Fische vertreiben –
Dann können die blaugelben Räuber sehn wo sie bleiben.‘
Da sprachen die anderen: ‚Wer ist das?‘ Wurden still und sahen sich an,
Doch als der Abend kam da waren wir hundert Mann.
Wir gingen vor Mitternacht auf die Heide nach Rantau zu,
Samel Supplit, der führte uns. Nun Samel erzähl du.“

Der Alte trat vor. Er war neunzig Jahr, wolfshager mit wirrem Haar:
„Ich kannte die Grube im Heidekraut wie dunkel es war.
Meine Väter erwachten in meinem Blut, mein Fuß stand im Grund,
Und sie stammelten fremde Worte durch meinen Mund.
Und ich streckte die Hand aus und faßte den heiligen Stein.
Da steckten wir Fichtenreisig rings in den Sand hinein
Und spähten ins Dunkel und riefen ob kein Weib uns schau,
Denn vor ihm, der den triefenden Mond füllt, ist unrein die Frau.

Und ich warf über meine Jacke das weiße Gewand,
Da zuckte das Feuer im Reisig und wir knieten im Sand;

Und ich sprach:

,Du Gott unsrer Väter, dem dies Feuer brennt,
Du Herr des salzigen Wassers den kein Name nennt,
Du, dem alles gehört was glitzernd die Flossen regt,
Du, der auf dem Haupt den erstarrten Honig des Meeres
trägt,
Du, aus dessen Samen dies Land und wir alle gekommen, –
Sieh, der Schwede kam, der Feind, über deine Fluten ge-
schwommen.
Er sättigt sich räuberisch an unserm Fang.
Er folgte dem mächtigen Lachs im Frühling die Küste ent-
lang.
Die weiße Flunder, den fetten Dorsch gab ihm deine Gunst,
Für ihn kochten milchig die Wellen von des silbernen
Herings Brunst.

Sieh, du hast lange gedürstet. In deinen Stein
Rinnt wieder des jungen Widders dampfendes Blut hinein.
Wir gießen wieder darüber das Bier und den Met,
Hilf deinem bedrängten Volke, das zu dir fleht,
Von dem habgierigen Räuber nimm sein letztes Glück, –
Vater, von unserem Strande zieh die Fische zurück!'

Und wir heulten laut auf vor Kummer und lagen im Sand,
Und als wir mit Zagen uns hoben da hatte der Wind sich
gewandt.
Hell schien der Mond und über die See zog der Nebel her
Wie ein weißes Netz, das der Fischer zieht – und das Netz
war schwer.

Da gingen wir stumm nach Hause.
Du weißt was dann kam
Wie der Schwede am siebenten Tag den Kurs nach Norden
nahm.
Ihm folgten wie Schneegestöber die Möwen nach,
Denn das Meer war wie die Düne – alles Lebens brach."

Da sprach der Amtmann: „Des Lebens brach blieb's bis zum
heutigen Tag.
Palmarum ist morgen, und aufgezehrt ist was im Keller lag.
Die letzten Erbsen verfaulten, ans Fenster klopft die Not,
Wir backen wie Anno sechzig wieder Borke ins Brot.
Eure Netze und eure Körbe und eure Taschen sind leer,
Es ritt seit Wochen von Königsberg kein Händler her,
Und wollt ihr nicht verderben alle mit Weib und Kind
So schafft die Fische wieder her und tut's geschwind.
Doch Willem Pönopp und Samel Supplit, – dies eine sag
ich euch gleich,
Treffe ich euch beide zu Sankt Lorenz am Kirchensteig
Oder seh ich euch im Kirchenstuhl und wenn's Karfreitag
wär, –
Ihr seht vom Galgen noch selben Tags bei Rantau übers
Meer!"

Zu Sankt Lorenz in der Kirche am Ostersonntag danach
Vor zwanzig alten Weibern der Herr Pfarrer sprach.
Die räudigen Schafe fehlten, doch die gerechten dazu,
Selbst die Orgel droben hielt heute Ruh.

Es lag kein Kutter, es lag kein Boot am Strand im Frühlingsglanz,
Alle Segel waren draußen von Dirschkeim bis Cranz.

Sie folgten dem mächtigen Lachs die Küste entlang,
Und ihre Netze zerrissen – so reich war der Fang.
Es flog in schimmernden Scharen kreischend die Möwe her,
Und vor ihr in den Tiefen zog die milchweiße Flunder her.
Da qualmten die Räuchergruben Tag und Nacht übers Land,
Stange an Stange stand im Wind und dörrte im Sand.
Und es kam der breite Dorsch, dicht wie ein Bienenschwarm,
Es triefte von seinem Fett der Frauen brauner Arm,
Ihre Schürzen starrten wie Panzer von den Schuppen schwer.
Und die Männer standen und spähten hinaus aufs Meer.
Willem Pönopp sprach: „Seit Tagen liegen draußen die Späher,
Der silberne Hering zieht jede Stunde näher
Bald künden die Freudenschüsse rollend unser Glück – –"

Aber der silberne Hering kam nie mehr zurück.

## CRANZ

An dieser Bucht hab ich als Kind gespielt,
Der Sand war sonndurchglüht und weich und warm.
Geborgen wie in einer Greisin Arm
Lag ich am Hang der Düne.
Drunten hielt
Schnaubend der Brandung schäumendes Gespann.
Auf flockig weiße Mähnen schien das Licht.
Und manchmal sahn, mit triefendem Gesicht
Grünäugig mich des Meeres Töchter an,
Und warfen Muscheln an den Strand und Tang
Und duckten jäh mit schrillem Möwenschrei.
Der feuchte Seewind strich an mir vorbei.
Ich aber lag geborgen an dem Hang
Der weißen Düne. In den Sand gekrallt
So wie ein Kätzchen liegt im warmen Schoß.
Und wohlig blinzelnd und gedankenlos
Spürt ich, sie wacht, –
Heilig, vertraut, uralt.

## DIE FRAUEN VON NIDDEN

Die Frauen von Nidden standen am Strand,
Über spähenden Augen die braune Hand
Und die Böte nahten in wilder Hast,
Schwarze Wimpel flogen züngelnd am Mast.

Die Männer banden die Kähne fest
Und schrieen: „Drüben wütet die Pest!
In der Niedrung von Heydekrug bis Schaaken
Gehen die Leute im Trauerlaken!"

Da sprachen die Frauen: „Es hat nicht Not,
Vor unsrer Türe lauert der Tod,
Jeden Tag den uns Gott gegeben,
Müssen wir ringen um unser Leben.

Die wandernde Düne ist Leides genug,
Gott wird uns verschonen, der uns schlug!" – – –
Doch die Pest ist des Nachts gekommen
Mit den Elchen über das Haff geschwommen.

Drei Tage lang, drei Nächte lang
Wimmernd im Kirchstuhl die Glocke klang.
Am vierten Morgen schrill und jach
Ihre Stimme in Leide brach.

Und in dem Dorfe, aus Kate und Haus,
Sieben Frauen schritten heraus,
Sie schritten barfuß und tiefgebückt
In schwarzen Kleidern buntgestickt.

Sie klommen die steile Düne hinan,
Schuh und Strümpfe legten sie an,
Und sie sprachen: „Düne, wir sieben
Sind allein noch übriggeblieben.

Kein Tischler lebt der den Sarg uns schreint,
Nicht Sohn und nicht Enkel der uns beweint,
Kein Pfarrer mehr, uns den Kelch zu geben,
Nicht Knecht noch Magd ist mehr unten am Leben –

Nun, weiße Düne, gib wohl acht:
Tür und Tor ist dir aufgemacht,
In unsre Stuben wirst du gehn,
Herd und Hof und Schober verwehn.

Gott vergaß uns, er ließ uns verderben.
Sein verödetes Haus sollst du erben,
Kreuz und Bibel zum Spielzeug haben, –
Nur, Mütterchen, komm uns zu begraben!

Schlage uns still ins Leichentuch,
Du unser Segen, einst unser Fluch. –
Sieh, wir liegen und warten ganz mit Ruh" –

Und die Düne kam und deckte sie zu.

## ALTE HEIMAT

Nach der Todesqual und nach dem langen
Dumpfen Schlaf in meinem gelben Sarge,
In die alte Heimat werd ich wandern.
Wird mein Herz wie eine Lerche steigen
Aufwärts, aufwärts zu der alten Heimat!

Auf der blühenden grünen Himmelswiese
Alle Gräser werde ich begrüßen,
Alle bunten Blumen werd ich streicheln.
An dem Feldrand, wo die Halme wehen,
In dem hohen Grase werd ich liegen
Neben einem Strauch mit wilden Rosen,
Neben einem dunklen Kaddickbusche.

Eine große, warme, silberweiße
Himmelskuh wird leise brüllend kommen
Wird mich lecken wie ihr junges Kälbchen,
Wird sich lagern auf der grünen Wiese.
Und aus ihrem rosigen warmen Euter
Werde warme süße Milch ich saugen,
Wenn ich Hunger spüre werd ich rufen:
„Mutterchen, Großmutterchen – wo bleibst du?"

Horch, da klingt es schon vom Silberhufschlag,
Wie der Sommerregen klopft im Laubdach.
Auf dem Pferdchen kommt sie, auf dem braunen
Sattellosen mit der hellen Mähne,
Oh, wie schnell ist sie herabgesprungen,
Oh, wie schnell steht sie zu meinen Häupten,
Blickt mich an mit ihren klaren Augen,

Hält mir hin das feuchte, dunkle Schwarzbrot,
Triefend von dem weißen Lindenhonig.
Wirft mir zu aus ihrer bunten Tasche
Einen blanken, roten Winterapfel.

„Mutterchen, Großmutterchen, du gute,
Meine schöne, meine ewig junge,
Mit der ährengoldnen Zöpfekrone,
Mit der kunstreich siebenfach geflochtnen!"

Und ich esse von dem guten Brote,
Esse von dem süßen Lindenhonig
Und ich spiele mit den langen Bändern,
Mit den regenbogenbunten Bändern,
Die von ihrer Schürze niederhängen.

„Mutterchen, Großmutterchen, du gute,
O wie prächtig bist du angezogen!
Wovon ward so grün dein faltenreicher
Weiter Rock, der warme, schöngewirkte?"
„Von dem Herzlaub vieler heller Birken,
Von den Nadeln vieler hoher Tannen,
Von den Blättern vieler dunkler Erlen!"

„Mutterchen, wie ward so bunt die Schürze?"
„Von den vielen bunten Wiesenblumen,
Von dem roten süßen Klee im Felde,
Von den blauen Blüten in dem Flachsfeld,
Von den gelben Blumen unterm Unkraut!"

„Mutterchen, wie ward so weiß dein Hemde
Mit den weiten, schön bestickten Ärmeln?"
„Von den vielen weißen Erdbeerblüten,
Von den vielen weißen Kirschenblüten,
Von dem weißen Faulbaum dort am Wasser."

„Mutterchen, Großmutterchen, du gute,
Aber wovon ward so schwarz dein Mieder?"
„Von dem warmen Herdrauch, liebes Kindchen,
Von dem blanken, schwarzen Ruß im Rauchfang, –
Trinke nun und schlafe, liebes Kindchen!"
Doch ich halte ihre Schürzenbänder,
Spiele mit den regenbogenbunten.
„Bleibe, bleibe noch, du liebes Großchen –
Sag, wo ist Großvaterchen geblieben?"

„Vaterchen fuhr aus mit seinem Boote,
Wirft die Netze, wirft die weißen Wenter
In den blauen Himmelssee, den tiefen!"

„Wenn er heimkommt, werd ich ihn dann sehen?"
„Wirst ihn heut nicht sehn und auch nicht morgen.
Mit der Pflugschar durch den Himmelsacker
Muß er wandern daß die Schollen donnern,
Daß die Funken springen aus dem Eisen,
Daß die Blitze lodern bis zur Erde, –
Reift das Korn dann drunten auf den Feldern,
Wächst das süße Gras dann auf den Wiesen.
Schlafe nun und trinke, liebes Kindchen
Und sei fröhlich in der alten Heimat!"

„Mutterchen, ich liege in dem Grase,
Trinke von der warmen Milch der Musche, –
Doch die warme Milch sie wird versiegen,
Und das grüne Gras es wird verdorren
Und der kalte Winterwind wird wehen –
Mutterchen, Großmutterchen, was wird dann?"

„Liebes Kindchen, wird der Vater kommen
Mit dem Silberbart im weißen Schafspelz,
Mit dem bunten Gürtel um die Hüften.
Wird dich nehmen wie ein junges Lämmchen
Tief verbergen in dem weißen Schafspelz.
In den warmen Flocken eingehuschelt
Wirst du ruhen an des Vaters Herzen,
Wirst du träumen von der alten Heimat!"

## MEMEL

O Stadt am Tief, dem Blut und Herzen nah,
O wiesengrünes, wasserblankes Land!
Ich war ein Kind als ich zuerst Dich sah
Vom landenden Dampfer, an des Vaters Hand.

So wie wir durch die Pregelwiesen gingen
Nur weiter war der frohe Weg zu Dir.
Wir standen vorne an des Dampfers Bug,
Das Wasser teilte sich wie Erde unterm Pflug,
Wir hörten Möwenschrei und schrillen Seewinds Singen
Und sahn den morgenhellen Dünenzug,
Und sahn zur Rechten, schwimmend in dem Glänzen
Von Licht und Wasser, leuchtend und frühlingsjung,
Das segelbunte, blaue Haff bekränzen
Dein Wiesenufer, grüne Niederung!
Über das Wasser glittetst Du zu uns her.
Erst nur ein schmaler Saum und dann ein wehender Streifen
Von Schilf und Gras, und dann ein Erlenwald,
Und nun ein Fluß, ausmündend wie ins Meer,
Und jetzt, wie graues Spielzeug nah zum Greifen
Ein rohrgedecktes Fischerdorf.
Und bald
Kienhauch. Doch nicht aus dunklem Nehrungstal,
Aus dem sich silbergrau die Reiher hoben, –
Nein, hinter der Sandbank, möwenüberstoben,
Stand Holzplatz an Holzplatz, goldenbraun wie Waben.
Und Segeljachten, weiß wie eine Braut,
Glitten an uns vorbei im aufspringenden Sturm.
Und schwarze Hochseedampfer heulten laut,
Umwölkt von ihrer Schlote grauen Schwaden.

Und schwerbeladen
Zog Heuboot und Holzkahn vor uns durch die Flut,
Auf der ein Floß sich schwer und schuppig wand.

Und Mast an Mast vor uns im Hafen ragte,
Darüber sah ich Giebelhaus und Turm,
Stadt grüßte heimatlich und urvertraut.
Und winkend hob sich die geliebteste Hand
Und über mir des Vaters Stimme sagte:
„Kind, das ist Memel!“

## ZWIEGESPRÄCH

*Chor:*

Wir sind der Wind, der Wind von der See, der in Sand und
Schnee die Furchen zieht, – –
Wir sind das weinende Flüstern in des Haffs vereistem Ried,
Wir sind das Krachen von Scholle und Zweig in der Niede-
derung Erlenforst,
Wir sind der Nehrungskiefern Sang um den verlassenen
Horst, – –
In der mondlosen Winternacht lastender Dunkelheit
Weist des vereisten Leuchtturms Feuer allein die Zeit,
Lebendes ruht und Totes, kein Auge fanden wir wach – – –
Du drüben sinnend am Ufer, den allein unser Rufen traf,
Was störte Dich auf aus der Gruft am Dom aus dem Todes-
schlaf,
Was treibt Dich um in der Nacht, weiser Magister,
Simon Dach?

*Simon Dach:*

Es ruft des todgeweihten, stürzenden Kriegers Mund
„Mutter! meine Mutter!" aus dem umkämpften Grund.
Es wecken Muttertränen, es ruft verbannter Mutter Leid
Den Sohn, den sie geboren, noch aus der Ewigkeit!
O Memel, schöne Heimatstadt – was geht durch Deinen
schweren Traum,
Streift Deines Sohnes Geisterhand des weißen Lakens kal-
ten Saum –
Mit Wind und Baum, mit Ried und Rohr in tiefer Nacht hier
klage ich!
Kommt meine Klage an Dein Ohr?
O treustes Herz, vernimmst Du mich?

*Chor:*

Was kommt durch die weiße Winternacht über das Haff
geglitten,
Viel leiser als ein Flügelschlag, viel rascher als Segelschlitten?
Du lichtes Antlitz, Du blonde Braut, unser aller Geschwister,
Du Name, heimatlich vertraut – kennst Du sie wohl, Magister?

*Simon Dach:*

Anncke von Tharau ös de mi geföllt! – –
Gestiegen aus meinem glühenden Herzen, geliebte Gestalt,
Du immer neu erblühende wie Anemone im Wald,
O Anncke, holde Botin, – durch Deinen jungen Singemund,
Was tut die leidgeprüfte, die Mutter Memel mir heut kund?

*Frauenstimme:*

So spricht die alte Hafenstadt, so spricht das Memelland:
Ich steh, von bittren Tränen satt an dem vereisten Strand,
Des harten Tages Weh, der fremden Zunge Streiten, verweht der salzge Wind,
Es singt die freie See von alten Ruhmeszeiten dem ungebeugten Wikingskind! – –
O Schwester Samland drüben in Deinem festen Bernsteinturm,
Gedenkst Du unsrer Jugend, da mit dem Frühlingssturm
Der ruhmgekrönte Gote im Schwertkampf um Dich warb
An seinem Drachenboote im Dünenwalde um uns starb?
Du trugst die Bernsteinketten und ich den weißen Silberreif,
Von Perl- und Erzesflittern war meine Haube starr und steif,

Wie Sonne glüht der Bronzepfeil in meinem silberblonden Haar,
Kunstreichen Schmiedes jüngstes, geschmücktes Lieblingskind ich war.
In allen Königshallen vom Wenersee bis nach Byzanz
Sang man von meinem Silberschmuck und seiner Waffen Glanz.
In steinernem Erbgrab schliefen die Ahnen noch im Arm das Schwert,
Die Trense, die gehämmerte, trug ihr geopfertes Lieblingspferd, –

*Chor:*

Und Hammer klang und Axtgeläut und Spaten hob den schweren Sand.
Hier stand die freie Stadt bis heut, dort lag die Burg am flachen Strand.
Weit wuchs im wilden Brandungsschwall der steinernen Mole fester Wall.
Brackwasser trieb im neuen Tief, und Lotsenruf im Winde rief.
Im Hafen schaukelt' Bug an Bug und Flagg an Flagg im Winde schlug.
Der Kienhauch lichten Stapelholz' lag schwer und stark in klarer Luft,
Es trieb in Meer- und Wasserdunst der Niederung süßer Gräserduft.
Und Stämme sah ich schlagen, verflochten wob sich Zweig an Zweig,
Da barg der Memelhagen die grünen Auen wie ein Deich.

Es wuchs, ein andrer Hagen, des grünen Urwalds Wildnis auf,
Des Zeidlers Axt, des Falken Schrei stieg über ruhigen Stromes Lauf,
Auf grasigem Damm am Uferrand wuchs Hof an Hof und Boot an Boot
Warf seine braunen Netze ins silberne Haff beim Morgenrot, – –

*Männerstimmen:*

Als wir heute früh um Windenburg schifften –
Winke, bunter Wimpel, winke übers Haff! –
Sangen die Flößer drüben auf den Triften:
Winke, bunter Wimpel, winke übers Haff!
Stolze braune Stämme, im Vorübertreiben, warum wollt Ihr nicht in Tilsit bleiben?
In Tilsit, der lieben, der lustigen Stadt, die die schönen Türme und die große Brücke hat? –
Winke, bunter Wimpel, winke übers Haff –
Nein, nein, sangen die Schlieper, wir wollen Memel sehn,
Wo unsere Brüder als stolze Maste stehn!
Wir wollen hören von großer Fahrt,
Wir wollen wissen, was dort unser harrt! –
Winke, bunter Wimpel, winke übers Haff – –

*Andere Frauenstimme:*

O Mutter Memel, drüben in der Nacht,
Leise, leise singst Du von Sorge beschwert,
An dem stillen, dem erlöschenden Herd,
Dessen Glut nur deine Liebe neu entfacht, –

*Memelstimme:*

Eines Kieles Trümmer trieben an den Strand.
Nun klag ich arme Mutter Dir See und Dir du Dünensand:
Auf allen Schiffen, wer hat so hell gesungen
Noch im Sterben wie meine blauen Jungen? –
In den vereisten Wiesen steht grau und greis das Heu,
Aber Eis zergeht und Wiesen blühen neu.
So klag ich arme Mutter: Wo blieb der Tochter Schöne
Die der Feind zertrat? Wo blieben meine Söhne?
So klag ich arme Mutter: O Ihr Wintersterne,
O Du Himmelsreiter, – nie sattelst Du so gerne
Dein weißes Pferdchen unter den Sternen allen,
Wie mein junger Held in der Kaserne
Sein braunes Pferdchen, das ihm so gefallen,
Als er ausritt, der Junge, in die weite Ferne
Um für mich zu fallen – –

*Andere Frauenstimme:*

Arme Mutter in der Dunkelheit
Laß Dich trösten Deiner Schwester Leid,
Der Du Obdach gabst, der Du das Brot gebrochen, –
Unter Deinem Dach hab ich's bei Schnee und Brandungslärm
gesprochen,
Als das Glück mich und die Meinen vergaß:
„Wer nie sein Brot mit Tränen aß – –"
Trinken mußt ich bittren Kelches Leidenswein,
Sah nicht mehr meines Volkes hellen Morgenschein,
Nicht mehr der Adler hohen Siegesflug,
Der Dein und meine Kinder zur Sonne trug, –

*Memelstimme:*

Sonne sah ich nur sinken blutrot und schwer,
Feuer sah ich blinken und verlöschen überm Meer.
Nebel sah ich fallen über Haff und grünen Uferrand,
Das mir lieb vor allen, Schwesterantlitz ich nicht wiederfand.
Schweres, schweres Joch muß mein Nacken tragen,
Wie der Tote in Niemandsland lieg ich zerschlagen, –

*Chor:*

O blonde Bauersfrau, – wie wirst Du säen?
O braune Schnitterin, – wie wirst Du mähen?
Wie wirst Du Weberin, wirken Dein Gewand,
Verstümmelte, mit Deiner einen Hand?
Du Abseits-Wohnende, verbannt und gejagt,
Wer wird Dich hören, Witwe, wenn Dein Jammer klagt!?

*Simon Dach:*

O Mutter Memel, von dieses Ufers Wacht
Ruft mein Herz zu Dir durch die dunkle Nacht,
Ruft deutsches Kindesherz aus dem verstäubten Mund
Zu Dir aus deutschester Stadt geheiligtem Grund:
„Käm auch all Wetter gleich auf uns zu schlahn,
Wir sind gewillt, beieinander zu stahn!
Krankheit, Verfolgung, Betrübnis und Pein
Soll unserer Liebe Verknotigung sein!"

*Chor:*

Wir sind der Wind, der Wind von der See, der im Schnee
die Furchen zieht,
Wir sind das weinende Flüstern in des Haffs vereistem Ried,

Wir sind das Krachen von Scholle und Zweig in der Niede-
rung Erlenforst,
Wir sind der Nehrungskiefer Sang um den verlassenen Horst.
In der mondlosen Winternacht lastender Dunkelheit
Weist des vereisten Leuchtturms Feuer allein die Zeit.
Lebendes ruht und Totes, kein Auge fanden wir wach.

Du drüben am weißen Ufer, den allein unser Rufen traf,
Kehre heim zu der Gruft am Dom, sink wieder in bleiernen
Schlaf, –
Was trieb Dich um in der Nacht, was ließ Dich nicht ruhn,
Magister Simon Dach?

## SONNWENDREIGEN

Es ruft durch die helle Sommernacht, es singt von Strand zu
Strand:
Ihr Schwestern alle kommt und wacht, zum Reigen reicht die
Hand!
In rotem Sonnwendfeuer glüht der Himmel über der See,
Am Hoftor der Holunder blüht und der Düne Sand ist
warmgeglüht
und leuchtet weiß wie Schnee!

Unsre Kinder tanzen und springen um flackernder Feuer
Schein.
Wir wollen wie sie uns schwingen am Meer im Sommer-
reihn!
Schwester Memel, führe du den Tanz, die so lange trauernd
stand!
Wie Ähren glänzt deiner Zöpfe Kranz, weitfaltig weht dein
dunkles Gewand und bunt dein Schürzenband!

Deine gekrönte Schwester, ich, Königsberg, führe dich!
Meine Liebste-Beste, zu dir wende ich mich,
Von meinen gepanzerten Füßen dröhnt der Grund zu dem
alten Reim
Der über Samland und Nehrung tönt:
Du lagest so entlegen, Gott selber mußte dein pflegen, aber
nun fandest du heim!

O Elbing, Erstgeborne, komm mit, komm mit zu Tanz und
Spiel!
Du Werft- und Deich-Verschworene, schon rauscht das Haff
um deines Bootes Kiel.

Wie Gruß aus Kindheitstagen klingt deines Schifferliedes
Platt,
Wo blieben Not und Klagen? –
hell klingt's wie Hammerschlagen, –
du Schifferbraut, nun tanz dich heute satt!

Heiho, heiho, ihr drüben! Ich ruf vom grünen Pommerland!
Heiho! O reicht herüber, ihr Schwestern mir zum Tanz die
Hand!
Der Greif aus meiner Krone späht, die Glocken hallen aus
Julin,
Die Dampfer heulen, es ist spät, –
wo bleibst du, Schwester, die vor mir geht?
Danzig, dich ruft Stettin! –

O Schwester Danzig, die bei uns stand,
Sieh, wir heben unsre Hand,
Unsrer Türme Feuer zuckt und sucht
Über murrende Flut, über dunkle Bucht,
O Allerschönste, in unsren Reihn
Schwester, tritt ein!

Brüder und Schwestern, ich hebe zu singen an!
Über der Weichsel drüben, hört mich an!
Aller Hansestädte prächtigste war und ist mein.
Aller Ostlandskirchen mächtigste war ich und werde ich sein!
Zweihundert Jahre wob ich mein Purpurkleid.
Zu den Wolken hob ich, schwer, stumpf und breit,
Meines kantigen Turmes Backsteinwucht,
Wahrzeichen aller Schiffer, blicke ich über die Bucht.
Auf dem Giebelgewoge der Beischlaggassen,
Gottes Orlogflotte, lieg ich gelassen.
Durch meiner drei Schiffe Hallen brandend die Orgel rauscht,
„Gerechte Sache" heißt der Wind, der meine Fahnen bauscht.
Mit prunkendem Gitterbug, geschmückte Karavellen,
Folgt mir der Geisterzug patrizischer Kapellen.
Der Kammer Truhenschrein schließt auf
Sankt Barbara:
Wo kannst Du, Fahrnsmann, sein, der solchen Schatz schon sah?
Gold gab der Westen, der Orient bunte Seiden
Des weisesten Großherrn Diener zu kleiden!
Wie ein geharn'schter Ritter vor meinen Goldaltären,
Kniet Bruderschaft und Zunft, Marien zu verehren.
Mit ihnen beuge Dich, Du schwergeprüfte Stadt,
Vor Meister Michaels geschnitztem Tafelblatt,
Wie hier die reine Magd, so hold und ohne Fehle,
Erwählte Gottesbraut, – so schuf er Deine Seele,

So predigt Meisters Kunst, so spricht der Väter Glauben
„Wenn Du Dir selbst getreu – wer kann Deine Krone rauben?"
O horch! des wunderreichen, weisenden Uhrwerks Stundenschlag,
Prophet und Tierkreiszeichen sie künden schon den Jüngsten Tag!
Hör was im Bild Dich lehrt meine höchste Kostbarkeit,
Hans Memlings Altarbild, das mir der Strand beschert,
das Kaisern ich verwehrt, –

Zu der Zeit, da der furchtbare Richter die Völker richten wird,
Wehe Dir, spricht Er dann:
„Sei vom Feuer verzehrt,
Volk, das von meinem Wege geirrt!"
Aber bliebst Du getreu –
dann, wenn Er ruft,
Sprich aus dem Staub, wie hier aus der Gruft
Zu dem Herrn singt des vertriebenen Dichters Saitenspiel:
„Deine Sachen führen zu gutem Ziel!"

## MEINEN SALZBURGER AHNEN

Das dank ich Euch:
Das schwere Blut der Niederung,
Das sachte Blut von Werft und Deich,
Durch Euer Blut ward's wieder jung,
Und liederfroh und weich und reich!
Und nahm dies Land,
Dies herdenbunte Wiesenland
Um das der singende Seewind strich, –
Als schmiegte einem Kinde sich
Schnobernd ein Fohlen in die Hand.

Das dank ich Euch:
Daß tief in meiner Seele Hut,
Lang, eh mein Aug die Tauern sah, –
Der Fernerkette Bild geruht.
Im Morgenglanze stand sie da,
Viel strahlender als Wolkenflug
Über dem grünen Wiesental
Um das der Föhn die Schwingen schlug, – –
O Bild, das Blut und Seele trug
So, wie es aus singender Brüder Zug
Der Ahne sah
zum letztenmal – – –

NACHTSPUK

Die tote junge Frau im Grab
Sie sprach: „Was klingt nun Tag für Tag
Bis in mein stilles Bett hinab
Wie Säggeknirsch und Hammerschlag?
Längst fraß das Feuer unser Dorf
Das Gott mit Pest und Tatern schlug.
Nie sah ich Menschen seit im Torf
Der fremde Knecht den Jud erschlug."

Sie warf zurück ihr Leichentuch
Und stieg wie Nebelhauch herauf.
Und harzig quoll's wie Brandgeruch
Als sie sich band die Zöpfe auf.
Die Grillen zirpten hell im Gras,
Die Frösche quakten dumpf im Rohr,
Und überm Tannicht groß und blaß
Stieg still und rund der Mond empor.

Das hohe Gras war feucht vom Tau,
Sie spürte lächelnd es beim Gehn.
Doch einmal zögerte die Frau
Und blieb in tiefem Sinnen stehn.
Vergraben in den Nesseln schier
Versengt, verwittert aus dem Kraut
Ein Roßhaupt sah, des Firstes Zier,
Drauf einst der Storch sein Nest gebaut.

Sie ging zum Moore. Wieder blieb
Sie stehn. Leis witternd gab sie acht
Von wo der Wind stand, denn es trieb
Wie warmer Herdrauch durch die Nacht.

Da glitt sie eilend durch den Tann
Bis zu der Trift. Am Graben stand
Ein neu Gehöft. Der Hund schlug an
Und Leinen lag am Rain gespannt.

Zur Rechten lief ein schmaler Pfad
Vom Grasplatz bis zum Gärtchen hin.
Zur linken Hand stand junge Saat
Ein schwarzweiß Kätzchen jagte drin.
Durchs Fenster in der Giebelwand
Glomm eines späten Lämpchens Schein.
Die tote Frau am Fenster stand
Und schauerte und sah hinein.

Ein junges Weib im groben Hemd
Ging in der Kammer ab und zu
Und sang – die Worte waren fremd –
Schaukelnd ihr kleines Kind zur Ruh.
Wie Flachs war seines Köpfchens Flaum
Das in den bunten Kissen tief,
Die Händchen fingerten im Traum,
Mit offnem Mäulchen wohlig schlief.

So seltsam ward's der Toten drauß
Als wollt ihr Herz noch einmal gehn.
Die Müde drinnen sah hinaus
Und sah den Spuk am Fenster stehn.
Ihr Leib war blaß und spinnwebklar
Altfränkisch ihres Kleides Pracht.
Wie Edelstein in ihrem Haar
Lag weiß und blank der Tau der Nacht.

Die Bäuerin schlug ein Kreuz. Das Kind
Schrak wimmernd auf. Durchs Wiesental
Fuhr kühl ein früher Morgenwind.
Der Hahn rief laut zum erstenmal.
Die Tote bebte als er schrie
Und sprach: „Wie geht mein Fuß so schwer,
So weit war dieser Weg noch nie –
O Gott, nun komm ich nimmermehr!"

## DIE FÄHRE

Die Krügersfrau fuhr auf im Bett,
die Uhr schlug Mitternacht,
Sie zählte laut, sie horchte lang,
so jäh war sie erwacht,
Der Mond schien durch den Ladenspalt
bis aufs Kissen wo sie schlief.
Sie sprach: „Du hast mich nicht geweckt,
mir ist, als ob wer rief!"

Sie ging und stieß den Laden auf,
die Nacht war klar und blau,
Auf dem Asternbeet im Garten
lag weiß wie Reif der Tau,
Hell ging die staubige Straße
über den grasigen Damm,
Und sie sah den vollen Mond
wie er silbern im Wasser schwamm.

Sie sah die große Fähre
die Kette schien so blank,
Sie sah das Ufer drüben
den Eschenbaum und die Bank,
Sie sah den stillen Wiesenweg
der lag so hell und leer,
Und Heuberg ragte an Heuberg
aus dem weißen Nebelmeer,
Und eine Stimme drüben
rief übers Wasser her:
„Hol über! Hol über!"

Die Stalltür knarrte leise,
der Fährknecht sah heraus
Und gähnte laut und ging zum Boot:
„Wer kommt so spät nach Haus?"
Doch als er nach dem Ruder griff
da rief's vom Ufer her:
„Die Fähre nimm, die Fähre!
wir sind ja viel zu schwer.
Hol über! Hol über!"
Er blickte auf und sah und sah –
der Weg lag still und leer.
„Hol über! Hol über!"

Er sprang so eilig aus dem Boot
daß es klatschend schlug,
Er stolperte den Damm herauf
bis vor den roten Krug.
Die Tür ging auf, es schien ein Licht,
das schien so gut und warm,
Und vor ihm stand die alte Frau
und packte seinen Arm:
„Hol über! Hol über!"

„Ich hab Euch sieben Jahr gedient,
ich fuhr zu aller Zeit,
Doch das will ich nicht fahren,
was dort vom Ufer schreit!"

Sie sprach: „Von Vaters Vater her
mein eigen ist der Krug,
Unser Recht ist diese Fähre
und alles was sie trug.

Mein Recht ist diese Fähre
und meine Ehre auch,
Noch keiner rief vergeblich,
das ist hier nicht der Brauch,
Und wär's der Schwarze selber,
er soll umsonst nicht schrein!"
Sie schritt hinab zur Fähre.
Der Knecht ging langsam hinterdrein.

Sie glitten über den Fluß dahin.
Das ging so rasch und leicht.
Der Uferrand kam nah heran,
das Wasser war schon seicht,
Da ward es jählings dunkel,
eine Wolke zog am Mond entlang,
Da schollerten die Planken
als ob ein Gaul herübersprang,
Es plätscherte vom Ufer her
wie vieler nackter Füße Gang.
„Fahr über! Fahr über!"

Die Frau stieß ab, der Knecht zog an,
wie ging die Kette schwer!
Es flüsterte, es atmete,
es drängte sich um sie her.

Dem Knecht, dem rann der kalte Schweiß
stromweis übers Gesicht,
Die Frau sah still den Fluß hinab.
Sie wendete sich nicht.

Sie kamen bis zur Mitte.
Da trat der Mond hervor.
Da trappelten die Hufe.
Da schnob es warm an ihrem Ohr.
Da lag's auf ihrer Schulter
so schwer wie eine schwere Hand.
„Halt an, ich will noch einmal sehn
nach meinem lieben Land!"

Sie blickte auf, der Knecht hielt an,
das Wasser war so blank,
Am Rande stand der Eschenbaum
und drunter stand die Bank,
Aufs Wiesenufer ging der Weg
so hell, so still und leer,
Und Heuberg ragte an Heuberg
aus dem weißen Nebelmeer,
Und einer Grille Schrapen
klang laut von drüben her, –
herüber, herüber.

Stumm stand die Frau, stumm stand der Knecht
und still die Fähre lag,
Hoch über ihren Scheiteln
die fremde Stimme sprach:

„Was ist so weich wie Mutterschoß,
so mild wie Mutterhand?"
Und Antwort kam: „Das Wiesenheu
und der Wind im flachen Land!"

„Was ist so süß wie der Kuß der Braut?
Was ist blonder als sie?"
„Die Linde über dem Strohdachfirst –
viel süßer und blonder ist die!"
„Was ist blanker als ihr weißer Leib?
Was ist so fruchtbar und jung?
Was trägt mich so geduldig?"
„Der Strom der Niederung!"

„Was ist für Götter und Menschen Glück?
Das Glück dem keines gleicht?"
„O das ist: den eignen Boden sehn
soweit das Auge reicht!
Und Gruß und Rede hören
wie altvertrautes Wiegenlied,
Und Wege gehn wo jeder uns
wie Kind und Bruder ähnlich sieht!"

„Und was ist allerschwerste Last?
Was ist ewige Pein?
Was ist den Kindern der Ebne verhaßt
und wird es immer sein?"

„Von der Heimat gehn ist die schwerste Last,
die Götter und Menschen beugt,
Und unstät zu schweifen ist allen verhaßt,
die die grüne Ebene gezeugt!"

Die Krügersfrau an der Kette stand,
die Stange hielt sie fest,
Es drängte her, es stieß und schob
und hielt sie eingepreßt,
Die Hand auf ihrer Schulter,
sie streichelten die schwere Hand,
Sie stammelten und weinten
und küßten sie wie Vaterhand.
Der Wind lief übers Wasser,
da sprach der Reiter:
„Ein neuer Tag kommt übers Land. –
Fahr weiter! Fahr weiter!"

Sie stießen an das Ufer,
die Fähre schwankte sacht,
Vom Fenster oben schien das Licht
so heimlich durch die Nacht.
Da setzte es den Hang hinan
am Dammweg trappelte ein Pferd,
Gehenk und Sporen klirrten,
es klirrte leise wie ein Schwert,
Ein Mantel flog vorüber
wie Wind, der übers Röhricht fährt –
vorüber, vorüber!

Es sprang und lief über Stein und Sand,
es rauschte durchs nasse Kraut,
Der Hofhund heulte winselnd,
des Försters Hund gab Laut,
Der weiße Nebel qualmte,
der Haushahn rief im Stall,
Und leis und leiser ging das Krähn
flußaufwärts wie Widerhall.

Schwerfällig ging die Frau ans Land.
Da blinkte was im Kies.
Es klapperte wie Geld im Sand
wohin ihr Absatz stieß.
Der Knecht, der las es knieend auf
an hundert Stück und mehr,
So kantig, dünn und grünbereift,
nur eins war rund und schwer.

Die bunte Tasche wurde voll,
sie trugen es ins Haus,
Sie schütteten es wie Erbsen
auf der eichenen Tonbank aus,
Der Taler rollte aus dem Berg
bis er an den Leuchter schlug,
Das klang so hell, das klirrte lang
verzitternd durch den stillen Krug.

Sie wendeten ihn hin und her,
sie hielten ihn ans Licht.
Die abgegriffne Schrift am Rand
entzifferten sie nicht,

Noch sah man an dem einen Bild
Wie künstlich es geprägt,
Wie ein gekrönter Adler war's
der Wappenschild und Zepter trägt.
Doch halb verlöscht war schon das Haupt,
das auf der andern Seite stand.
Ein mächtiges Haupt mit Helm und Kranz –

Doch keiner hat es mehr gekannt.

## HEIMWEH

Ich hörte heute morgen
Am Klippenhang die Stare schon.
Sie sangen wie daheim, –
Und doch war es ein andrer Ton.

Und blaue Veilchen blühten
Auf allen Hügeln bis zur See.
In meiner Heimat Feldern
Liegt in den Furchen noch der Schnee.

In meiner Stadt im Norden
Stehn sieben Brücken, grau und greis,
An ihre morschen Pfähle
Treibt dumpf und schütternd jetzt das Eis.

Und über grauen Wolken
Es fein und engelslieblich klingt, –
Und meiner Heimat Kinder
Verstehen, was die erste Lerche singt.

## MUTTER OSTPREUSSEN

Mutter Ostpreußen! Einsame, am Brückenkopf Deutschlands
Abseits den Schwestern, den sicher geborgenen, wohnend,
Über alles von Deinen Kindern Geliebte
Sag, was wissen die Andern, Mutter von Dir?

Linkisch erscheinst Du und plump den gewandten Geschwistern
Weil Du rundlich und warm wie sich's für Mütter gehört.
Spöttisch sehn sie Dein Kleid, das ländliche, selber gewebte,
Grün wie Wiesen am Haff und Dein blühendes Apfelgesicht,
Sehn verwundert darüber auf Deinem glänzenden Scheitel
Mächtiger Zöpfe roggenblondes Geflecht.
Heimlich lachen sie dann zu Deiner behaglichen Rede
Und böotisch klingt ihnen Dein uraltes Platt.

Doch für uns gibt es Keine, Dir an Schönheit vergleichbar,
Klingt so lieblich uns nichts als Deine Worte ins Herz.
Denn mit ihnen o Mutter, hast Du uns gestreichelt,
Riefst aus dem Kinderteich Du lockend die Seelchen zu Dir.
„Trautsterche, Duche, wo bist du? Putthänncke, Putthoancke,
Komm min Schoapke to mi! Schusche Patrusche, schloap, schloap!"

Ach und wer singt wie Du, Du allezeit Fleißige,
Deren Spinnrad noch schnurrt, deren Webstuhl noch klappt?
Längst verklungen wie sie sind über der Weichsel drüben
Weise und Wort des Lieds, das Dir allein noch vertraut.
Nur vielleicht an der See, auf der Werft in den Poldern Ostfrieslands

Klingt in die stürmische Nacht von greisen Lippen solch Lied.
Nur im verschneiten Gebirg, hoch in den Tälern der Tauern
Flüstert die Ahne zur Nacht über die Wiege es hin.

Lerchenfröhliche Du, zum Lachen und Zorn gleich Rasche,
Jener kennt Dich nicht, der Dich nicht schelten gehört
Zwischen den Körben am Markt, auf dem schwankenden Bootssteg,
Auf der Bleiche am Zaun oder am prasselnden Herd.
Hei, wie flink geht Dein Mund, wer kann Dir sich vergleichen
Zwischen Oder und Rhein, gilt es mit treffendem Witz
Derb wie die Niederung ihn liebt, den Gegner zu schlagen
Bis im Gelächter der Groll auch des Getroffnen verfliegt.

Doch wie tischst Du ihm auf, ihn erst ganz zu versöhnen,
Kehrt er wieder als Gast in Dein wohnliches Haus.
„Nahwer, was bringen Sie Guts? Nehmen Sie freundlich vorlieb.
Beetenbartsch gab es heute, soll ich ein Tellerchen wärmen?
Oder wie wär's, wenn wir zwei den frischen Fladen versuchen?
Schön nach Kordemon schmeckt er, wie sich's gehört.
So ein Täßchen Kaffee dazu mit Schmand und ordentlich Zucker
Das hält Leib und Seel zusammen und wärmt.
Hab auch schön heut eingekachelt, denn draußen
Graupelt der Schlackerschnee – paßt auf, wir stiemen noch ein!

Brütet im Garten denn nicht der blaue Vogel aus Schweden
Der bloß kommt wenn um Lichtmeß selbst die Ostsee befriert?" – – –

Und dann kramst Du ihn aus, den sorgsam bewahrten
Schatz, den aus Urväterzeit Du wie ein Heiligtum hegst.
Aberglauben nennen sie ihn, die Jungen und Klugen,
Die an Flugzeug und Auto heften den Fetisch so gern.
Mühsam lernen sie wieder was Möwe und Wildgans sie lehren,
Ewiger Zeichen Sinn, die Dir immer vertraut.

Denn Du deutest es Mutter, aus Deinem liebenden Herzen,
Kündet aus Flut und Gewölk kommendes Unheil sich an.
Krieg und Notzeit, Du hast sie gefühlt als fröhlich und feiernd
Noch Deiner Kinder Schwarm sorglos beim Fest sich vergnügt.
Aber Du zählst auch die Knospen der frostgetroffenen Bäume,
Aus den Tiefen der See lockst Du die Fische ins Netz.
Siehst wie ein Wasser das Korn, das tausendfältige, schälen
Wenn im verschneiten Weg Kutscher und Schlitten versinkt.

Keins von uns ist so hoch Mutter, und keins so geringe
Daß Du sein Kommen und Gehen nicht abträumst und ahnend umsorgst.
Treulich hütest Du schon den eben Geborenen
Daß kein Untererdchen ihn vor der Taufe vertauscht.

Weiß wie der Schnee der ihn wusch und groß vom ostrigen
Regen
Stark wie ein Baum, – so zeigst Du den Forschen, den Sohn,
In der Silvesternacht beim Schreien und Rasseln der Stürzen
Dem Mariellchen am Zaun, das frierend im Garten
Wartet von wo ein Hund bellt, – und vor dem blühenden
Vorspuk
Kreischend davonläuft als wäre es Bahre und Licht.

Denn Du meldest den Tod mit hundert Zeichen den Deinen
Daß sie bestellen ihr Haus und getrost sich bereiten
Heimzukehren zu Dir, sanft schaukelnd im letzten Bette,
Das in den reinlichen Tüchern, den truhenbewahrten,
Zu Dir hinunterschwankt.
Die Anderen aber
Kehren nach Haus und Du trocknest schmeichelnd die Trä-
nen,
Trägst ihnen auf zum Zarm was Küche und Keller nur her-
gibt.
Tröstest und nötigst zum Essen und preisest den Toten,
Schlägst die Hände zusammen und singst, –
Da singen die Gäste
Wieder lachend wie Kinder, deren Brüderchen wegging
Mit der Tafel zur Schule.
Draußen im Nachtwind
Rauschen die Birken am Weg, es rauschen die Linden
Über den Hügel im Feld und über Kränze und Kreuze:
„Trautsterche, Duche, nu kamst du!
Schusche, Patrusche, schloap en!" – – –

ANNEMARIES LIED

Heimat, mir vorbestimmte, Du mein geliebtes Land.
Laß mich in Dir vergehen, wie ich aus Dir erstand!

In Deinem grünen Samland, zwischen See und Vaterstadt,
Rüste mir, liebste Mutter, meine letzte Lagerstatt!

Über mein Grab im Westwind fliegen Möwen von Haff und See,
Bienen summen im Landwind in dem süßen, roten Klee.

Für den Wanderzug der Vögel laß Quitschen darüber glühn,
Laß um Johanni den blassen Holunder dort blühn!

Kleine Wellen schlagen ans Ufer sacht, so sacht,
Sprosser und Mädchen singen in der klaren Juninacht,

Durch die hellen, hellen Nächte geht das Klopfen der Sensen um, –
Und ich sage: „Heimat, wie schlägt Dein Herz, – – und mein Herz ist stumm!"

Auf den heißen, weißen Straßen wandert Jugend vorbei,
Lauten und Flöten schwirren, locken wie Hirtenschalmei,

Jungensstimmen schrillen wie Schwalben im Wind, –
Und ich sage im Traum: „Wie singst Du hell, meiner Heimat weißblondes Kind!"

Kommt der Mond, der vor allen der liebste mir war,
Steht er am Erntehimmel, golden und klar,

Dann, wenn die Grillen singen dort wo die Hocken stehn,
Laß eine junge Mutter zu meinem Grabe gehn!

Fern schon werd ich sie spüren erntemüde und schwer,
Werde sie über mir fühlen als neigtest Du selbst Dich her,

Bebt unter ihrem Herzen Leben dann, das sie trägt, –
Fühle dann, liebste Mutter, in Dir wie sich mein Staub bewegt!

## KÖNIGSBERG

1

Es war einmal:
Höre, mein Kind!
Gletscher schmolzen und Völker, die lange vergessen sind.
Ungezählte Jahre brauste der Wind
Von Haff und See über das sumpfige Tal.
Zur hohlen Linde die Biene Honig trug,
Elch und Keiler suhlten im Erlenbruch,
Unterm Urwald schliefen Ringwall und Gräbermal.

Dann kam der Tag da die erste Axt erklang,
Heilige Rune, die mich ins Leben sang!
Stämme stürzten stöhnend bei meiner Geburt,
Von blitzendem Pfeil, von sausendem Speer umsurrt.
Todesschrei röchelte. Rot trieb unten die Furt.
– – –
Aber ich stieg aus der grünen Tiefe empor,
Aus eichenen Bohlen gefügt, aus Lehm und Rohr, mit Brücke und Tor,
Mit dem steingetürmten Herd, draus mein erstes Feuer schlug,
Mit dem schollernden Knüppeldamm, der die Weißmäntligen trug.

Und es sprach der Greis, der zur Seite des Böhmen ritt:
„Die Veste, die namenlose im Preußenland,
Herr, Dir zu Ehren sei sie fortan genannt!"

Doch leise sprach er, als er vom Sattel glitt
Zu den Pfosten am Tor und es rührte sie seine Hand,

Hochgeadert, schwertmächtig, schwarzbraun vom Wüsten-
brand:
„Castrum regium, die weit über Akkon schaut,
Du dörferreiche Verlorne, meines Alters blühende Braut,
Und Du, Tor des Ostens das alle Straßen hielt,
Du Brücke von Abend zu Morgen, in blutigem Ringen ver-
spielt,
Du letztes Bollwerk, Du Hort des Glaubens, Mont-Royal,
Erwacht mir zu Ruhm und Ehre zum andern Mal, –
Schwarzweiße Ordensfahne, steig auf über Königsberg!"

Sie wehte vom Schaft, im Ostwind gebauscht, über Mauern
und Wipfel getragen,
Da kams durch die Furt gerauscht, da knarrten die Wagen
Mit triefenden Rädern hinauf den lehmigen Berg.
Blondbärtige Männer lenkten das Ochsengespann
Und starrten mich lachend aus hellen Augen an.
Zwischen Schaff und Züchen krochs rotbäckig hervor
Und sie hoben die Kleinsten, zappelnd und nackt, zu mir
empor,
Ich trank ihre Stimmen und trank ihrer Kinder Schrein
Und trank das Wunder der Wunder, eine Seele in mich
hinein!

– – – – –

Ich sah sie kommen und gehn, Geschlecht um Geschlecht.
Deutschherr und Siedler ging, Priester und höriger Knecht.
Wald wurde Wiese, wurde Gasse und Haus.
Türme ragten mit dröhnendem Mund über die Firste hinaus.

Meine Kinder wuchsen:
Altstadt, Kneiphof und Löbenicht.
Ich liebte sie.
Sie aber liebten sich nicht.

Mächtig über den Andern, wehr- und türmegekrönt,
Lag mein Erstgeborenes, prächtig und stolz.
Mühlen rauschten am Teich. Hunde blafften im Holz.
Fackelhell war die Nacht. Der Morgen hifthorndurchtönt.

Reich und satt um den Dom, mit steinernen Engeln und
Ranken um Beischlag und Brückentor
Lag die Inselstadt unten im Strom, mit den fliesenblanken
Festsälen, dem Federgekratz im dunklen Kontor.
Breitbäuchige Koggen und Kuffe blähten üppig die Segel,
Korn und Obst und Heu schwamm zwischen den Schliepern
im Pregel.

Drüben am Berg um den Bach, winklig und warm, hausten
die Melzenbräuer.
Durch den Malzdunst um Luke und Fach kreiste der
Taubenschwarm. Vor Speicher und Scheuer
Klopfte der Küfer das Faß.
An klirrender Peede
Trug die Magd das schäumende Bier.
Laut rollten die Wagen. Breit rollte
die plattdeutsche Rede.

Meine schönen Kinder, Altstadt, Kneiphof und Löbenicht,
Ich liebte sie.
Sie aber liebten sich nicht.

Ich wollte sie groß und wollte sie einig sehn
Und sah sie träge und schmollend und neidisch stehn.

– – –

Über mein holpriges Pflaster stampfte ein schwerer Stock.
Er humpelte keuchend bergauf im blauen Soldatenrock.
Breit war er. Sein Kopf war rund. Die Binde würgte sein kurzes Genick.
Doch die Stirn war hoch. Fest war sein Mund und funkelnd sein Blick.
Am Schloßtor stand er, der König. Er atmete schwer. Die verschwollene Hand
Preßte den Ordensstern. Er flüsterte tonlos. Ich aber verstand,
„Weiber und Jagd und Spiel für Andre – Arbeit für mich!
Preußen, du Witwe am Weg, ich freite um Dich.
Kinder erweckte ich Dir und machte die Hungrigen satt.
Brache ward Acker. Öde ward Dorf und Wildnis Stadt.
Doch sie wohnen weit von der Welt. Sie waren zu lange allein.
Locker sitzt ihnen das Geld. Lockrer im Munde das Nein.
Sie nehmen das Leben leicht. Wie's kommt, sie lassens geschehn.
Doch der liebt sein Kind, der es streicht. Der es gängelt, lehrt es gehn!"

Er lachte leise und suchte nach Dose und Tuch.
„Heute drei Städte, drei Räte und Klatsch und Geschrei –
Morgen die einige Stadt und ein einiges Rechnungsbuch.
Morgen, Königsberg, mach ich von Dir Dich frei.

Lerne! Du bist zum Lernen noch jung genug.
Ich schreib ein Wort an die Tafel. Ein einziges:
,Pflicht.'

Du wirst es lesen. –
Ich aber höre es nicht.
Die Hand, die es schrieb, wird matt. Ich will heimwärts gehn.
Du alte Stadt, Du neue Stadt – wie wirst Du und Preußen
bestehn?"

– – –

Sie lernten. Sie lasen das Wort. Über Schutt und Brand
Boten sich Arm und Reich die Bruderhand.
Sie trugen zusammen die Not. Sie trugen der Knechtschaft
Schmach.
Sie zogen mit ihrem Blut die Schrift auf der Tafel nach
Und schrieben ein Wort darüber. Ein einziges. „Kant".
Und wurden im Feuer geläutert. Und bestanden wie
Preußen bestand.

– – –

O Heimatstadt!
Wir haben Dich gesehn
Vom Schall der Kriegsposaune aufgestört,
An Deinem leeren Hafen weinend stehn.
Wir hörten Nachts in Deinen dunklen Gassen
Im Traume Dich um Deine Kinder weinen.
Wir sahn Dich zittern um die hungerblassen
Greise und Deine mattgeäugten Kleinen.
Wir sahen Dich, wenn hold und langgezogen
Des Abendliedes Stimme niederklang,
Vom Turm ins Land spähn aus dem Fensterbogen.

So sieht der Inselwächter auf die Wogen,
Sieht Strand und Deich und Buhne aufgesogen
Und alle Zeichen deuten Untergang.

– –

Und ich mußte
Den bitteren Kelch bis auf die Hefen trinken.
Sah Kronen stürzen, heilige Fahnen sinken,
Sah flammender Nächte trunkne Raserei,
Sah ewiger Grenzen Steine frech verrücken
Und hörte über den zerklirrenden Brücken
Verlorener Völker irren Todesschrei!

2

O ruhmgekrönte Stadt, die unser war!
Es blickten auf Dich nieder, unsichtbar,
Die einst mit mir dort standen, blickten jene
Vergeßnen, die in Deinen Grüften liegen,
Aus deren Sein und Wesen ich gestiegen,
Die mit mir wanderten durch Deine Gassen
Und die mit mir für immer Dich verlassen!
Du lebst
Nur noch in mir von allen meines Blutes
Geliebtes Bild der alten Pregelstadt,
Wie unser Auge Dich gesehen hat:
Erfüllter Wunschtraum, Gleichnis höchsten Gutes,
Ziel, das Du, Herz, versagend noch erstrebst,
Das warst Du uns!

Es löschten unsern Durst der Ordensteiche
Stillströmende Wasser und der klare Spring
Den rauschend Deines Schloßbrunns Schale fing.
Kogge und Kran trug unsern Speichern zu,
Wie milde Hand den Tauben, überreiche
Ernte der Felder, die im Ostwind schälten.

Stadt, die zur Mutter selber wir uns wählten,
Land, dem wie Vaterherzen wir vertraut,
Aus Eurer Liebe immer neu erbaut,
Von Deinem Odem, winddurchklungner Norden,
Immer aufs Neu erweckt zu Deinem Licht,
Sind Euer Kind und Diener wir geworden, –
Ihr lehrtet uns, Strenge, das Gesetz der Pflicht,
Und gabt zum Lohn dem Geist
Den Rausch der Nüchternen, der Preußen heißt.
Und über unsern dunkelsten Nächten stand
Gestirn, das in die Ewigkeit uns weist
Als Opfernde, –
der Tod fürs Vaterland!

Lobgesang der Brüder, – ich führe Dich an,
Ich, der Dom zu Königsberg, der greise Ordensmann!
Ludger von Braunschweig mich zum Deutschherrn schlug
Als Ludwig der Baier des Reiches Krone trug.
Fährmann des höchsten Herrn lieg ich im Pregelsumpf,
Wehrgang und Halle wuchten auf moorgeborgnem Eichen-
stumpf,
Demütige Beter, sanken zum Grund Mauern und Bogentor,
Wie Speichergiebel ungefüg, ragt purpurne Abendfront
empor.
Es trägt auf dem gedrungnen Hals mein roter Turm den
spitzen Hut,
Der Weisheit Sitz, des Kaufherrn Haus, der Innung Bank,
– ich barg sie gut!
Wie Waben in der Beute wuchs rings um mich die Inselstadt,
Noch schallt in mein Geläute uralt-vertraut ihr breites Platt.
Noch wie zu Winrichs Tagen die Möwe kreischt, der West-
wind stöhnt,
Wenn hoch beim Mittagschlagen vorbei der Ostlandflieger
dröhnt.
Eisbrecher knirscht und Dampfer heult und Brückenflügel
knarren auf,
Die still in meinem Chore ruhn – die schreckt es nicht mehr
auf.
Es betteten bei dem Meister dort sich brüderlich zu bleier-
nem Schlaf
Marschälle und Komture.
Unter dem prunkenden Epitaph

Legte dort Preußens Herzogsstab, wie einst den weißen
Mantel ab,
Albrecht der Brandenburger und stieg in meine Gruft hinab.

Goldfunkelnd trennt die Altarwand den Raum wo Tod und
Leben wohnt,
Weltball und Zepter in der Hand, Gottvater, der gekrönte,
thront.
Er sieht der bunten Bogen Pracht, Wappen und Schnitzwerk
am Gestühl,
Den flammenden Baum in heiliger Nacht und froher Menschen Festgewühl,
Er sieht am breiten Orgelbug die Genien mit dem Koggenschild,
Sieht wie der Freude Puttenflug um singende Silberrohre
quillt,
Sieht meine Kinder unbewußt bei ihrem Klang zu Ihm gewandt,
Wie Taufkind an der Mutter Brust, wie Braut an ihres Liebsten Hand.
Und hört mein Herz in ihrem Sang und ihr's aus meiner
Glocken Mund,
Und fühlt mein Herz so schwer und bang, verzagt
bis in den tiefsten Grund.
Da haucht's wie Flamme vom Altar:
„Du greiser und getreuer Knecht,
Der jung mit diesem Lande war, – mein festes Haus, beschirm es recht!

So lang zur Ostsee Schiffe gehn, wirf Fischer, Deine Netze
aus!
So lang die Fachwerkspeicher stehn, streu Du das Korn des
Glaubens aus!
Die reine Lehr, das Gotteswort, verkündige es, Du, des
Samlands Hirt,
So lang Dein Volk den Wunderhort des edlen Bernsteins
heben wird!"

## DER WITWER

Der Gatte der Margarete von Kunheim,
der Tochter Luthers, spricht:

Goldner schimmerte Dein Haar
Als das Korn im Sommerwinde,
Süßer mir Dein Atem war
Als der Honigduft der Linde.

Rauscht das Laub wie Dein Gewand, –
In der blassen Abendhelle
Halb zum Dunkel hingewandt
Heb ich wie im Traum die Hand, –
Stehst Du auf der Kirchenschwelle?

Was mir auch das Leben bot,
Hof und Reichtum, Macht und Ehre, –
Ach, es griff nach Deinem Tod
Immer meine Hand ins Leere!

An der Tür, durch die Du gingst,
Als der heiße Tag verglühte,
Ist's, als ob Du mich umfingst,
Immer, wenn die Linde blühte, –

Holde, zärtliche Gestalt,
Ähren wehn wie Deine Haare,
Gingen so viel lange Jahre, –
Holde zärtliche Gestalt,
Du bliebst jung. Und ich ward alt.
Horch, der Kuckuck ruft im Wald
Und verstummt.
Ich komme bald.

## WORMDITT

Das rote Herz des Ermlands bin ich.
Wormditt nannten sie mich,
Die Vergangnen, deren Herz in meinem geschlagen.
In fernen Tagen
Wuchs ich auf neben den schönen Lauben,
Die meine schlesischen Kinder um den Markt gebaut.
Sie freiten dies Land wie eine reiche Braut,
Junge Bauernsöhne, die mit schweren braunen Pferden
kamen,
Die bedächtig Acker und Hof in Augenschein nahmen.
Vor meinem goldblanken Altar sind sie getraut,
Zum roten Rathaus, – wie eine Glucke liegt es inmitten
Kleiner Häuschen, die unter sein Backsteingefieder
Ängstlich vorm Marktlärm ducken nieder, –
Ist der Brautzug zum Frühtrunk geschritten.
Kinder lärmten unter den Lauben wie heut.
Über die Dächer kreisten Tauben. Mein Mittagsgeläut
Ging gemach, wiegend über das Storchnest am Rathausdach.
Grün wie ein Lindenblatt sah Wintersaat über roten Dächer-
zug,
Bunt wie ein Bauerntuch breitete sich das Land um meine
Stadt.

Hügel hob sich an Hügel, ackerbraun, sanft wie ein Tier.
Erlengrund, aus dem silberne Bachschlange sah.
Tannendunkles, harzduftendes Waldrevier.
Linden, moosig und silbergrün, uralten Heerweg geleitend,
Linden, flachsblondes Blühn über Laubenhäuser breitend,

Fachwerkbunte, vor langen Scheuern und Strohdachställen,
Ziehbrunnengeknarr und Peitschengeknall, Viehbrüllen und
Bellen, –
Und überall, an schweren Alltags staubigem Straßenrand,
Wegweiser des Himmels, Schrein und Kreuze stand.
Und weit über Feld verstreut,
Von den Staffeltürmen, den roten,
Hat mir den Brudergruß geboten
Dorf um Dorf, mit verhallendem Geläut, – – –

## KOPERNIKUS

Ich sprach zur Sonne: steh still!
Und ich bewegte die Erde.
Nie wird meinem Gebot ungehorsam sie sein.
Doch vor dem Schöpfer der Welt, dem Herrn der Gestirne,
Beugt ich in Demut mich, seine Gnade erflehend!

Seht, so fragt mein Staub aus der Gruft meines Domes:
Warum rechnet Ihr nicht meinem Volke mich zu?
Kennt Ihr so wenig den Stamm, daraus ich entsprossen?
Meines Grenzlands Geschick – kennt Ihr es nicht?

Deutsch war Thorn, das mich trug. Über die Weichsel
Zog ins Ermland ich zum Hofe des Ohms.
Noch steht sein Bischofssitz, der Saal mit den Wappen,
Über dem fränkischen Heilsberg, krönend die Stadt.

Frauenburg winkt, der Dom im funkelnden Turmkranz,
Über obstreichem Strand, über silbernem Haff.
Wo ist deutscheres Land als dies, dem ich diente
Zu des Kapitels Ruhm und meiner Brüder Ehr?!
Arzt des Leibs und der Seele, sternkundiger Weiser,
Klug wie ein Bauer, betreute ich Kurie und Land.
Land, das im Krieg ich als Christ und Feldherr verteidigt
Gegen Wut und Brand zerstörend roher Gewalt.

Dann im schwererrungnen Frieden, geruhsam
Bei der Grillen Geschwirr in erntedufttender Nacht,
Las ich aus unbeirrtem Wandel der Sterne
Trost des Bestehns über irdischer Schwachheit Vergehn.

Sah den stummen Reigen der Sonnen und Völker,
Sah ihr Schicksal, bestimmt aus dem eigenen Sein.
Las aufblickend, was spät ein Anderer formte:
Göttlich Gesetz, aus Himmelsgesetzen erkannt.
Sah im Gesicht mein Land immer wieder und wieder
Von des Kriegssterns flammender Fackel verheert.
Sah ihn verlodern – und über Steppe und Sümpfen
Neu des Morgensterns tröstende Klarheit stehn, – –

Vor dem Schöpfer der Welt, dem Herrn der Gestirne,
Neigt ich in Demut mich, seine Gnade erflehend,
Ich, der zur Sonne sprach „steh still!", – der die Erde bewegte, –
Niklaus Koppernigk ich, Deutsche, ein Deutscher wie Ihr!

PATRONA BORUSSIAE

O blonde Mutter, der dies Land gehört
Als Lehn und Eigen – sieh, dies arme Land
Ist wie ein Herz von Zorn und Angst verstört,
Wieg es zur Ruh in Deiner sanften Hand!

O klarer Nordstern über unserm Meer,
Glätte die Wellen, schimmernd wie Perlmutter,
Die Dämmerung fällt. Lenk unsre Schiffe, Mutter,
Wir wollen heim. Führ du uns sicher her!

O schöne Linde, die im Felde steht
Und Hirt und Vieh in ihrem Schatten birgt,
Wenn sie die gelbe Glut des Mittags würgt,
Beschütze was durch Deine Felder geht!

Laß uns in Deiner Gnade Schatten hausen,
Erquicke uns! Denn wir sind sterbensmatt.
Daß wir beim Tagwerk singen, froh und satt,
Wie Bienen die durch blühende Wipfel brausen!

O fester Turm der die Entflohenen schirmt,
O lichterhelles Haus zu dem sie fanden,
An dessen Mauern Wut und Aufruhr branden
Nur wie ein Wetter das die Nacht durchstürmt!

O große Mutter der wir alle leben,
Köstlichstes Kleinod das kein Gold erwirbt,
Du einziger Schatz der uns im Tod nicht stirbt,
Du niemals Zürnende die immer noch vergeben!

O du Geduldige die uns immer liebt –
Wir stehn vor Dir in Trotz und bangem Zagen,
Noch heiß vom Streit, geängstigt und zerschlagen –
O tröste uns! Denn wir sind sehr betrübt.

O Mutter, Mutter, laß uns nicht allein!
Laß Deine Knie, laß Deine Hand uns halten,
Verbirg uns unter Deines Mantels Falten
Und laß uns nie dem Fremden dienstbar sein!

Laß uns in Trotz und Torheit nicht zerfallen
So wie ein loses Reisigbund zerfällt –,
O Mutter, große Mutter, hilf uns allen,
Du, die dies Land als Lehn und Eigen hält!

## ÜBER DER WEICHSEL DRÜBEN

Über der Weichsel drüben, Vaterland höre uns an!
Wir sinken wie Pferd und Wagen versinken im mahlen-
den Sand,
Recke aus deine Hand
Daß sie uns hält die allein uns halten kann!

Denke der Zeiten die dich jung gesehn!
„Nach Ostland wollen wir reiten,
Nach Ostland wollen wir gehn,
Fern über die grünen Heiden,
Fern über die blauen Seen!"

Wer war's, der so sang?

O wie im sausenden Wald die Axt erklang
Als deine Söhne mühselige Wege sich schlugen!
Wie knarrten die hochbepackten Wagen die sie trugen!
Die Kaddickfeuer sprühten. So hell war die kalte Nacht.
Über den knackenden Zweigen, dunkel und ungeschlacht,
Glotzte der breitgeschaufelte Elch aus dem Erlenbruch.
Und die Kinder kreischten und krochen unter Mutters Tuch.
Dann kam der Tag, der brennende, mückendurchsummte.
Und endlich ein Abend und eine Glocke brummte,
Schnobernde Fohlen am Zaun und ein Gerstenschlag
Wellenwerfend und lang wie Johannistag.
Auf lehmigem Hügel, blutrot im Abendbrand,
Ein festes Haus, halb Burg und halb Kirche stand.
Und ein blaffender Hund und ein weißmäntliger Graukopf
war da,
Der schrie „Landslüd, Landslüd!" und lachte als er sie sah.

Sie kamen von Flandern, sie kamen vom Niederrhein,
Von den hohen Tauern und aus der goldenen Au.
Sie strömten, harrendes Land, in dich hinein
Wie der Samen des Mannes in den Schoß der Frau.

O Heimat, lindenblonde, die hoffend uns trug,
Die uns spielend und lachend im Kissen gehoben,
Die uns singend die bunten Wickelbänder gewoben,
An deiner Schürze hingen wir Kind an Kind.
Deine Brust die hatte für alle noch Milch genug
Und immer für alle fandest du Brot im Spind.

Wo ist ein Leben so hart, Mutter, wie deines es war?
Deine Tränen trankst du. Hunger war deine Kost.
Deine jungen Töchter verschleppte der gelbe Tatar,
Deine jungen Söhne erschlug der weiße Zar,
Du hast im Robot gefront für den üpp'gen Starost.
Deine Äcker zerstampfte zu Brache die große Armee,
Des Korsen Schimmel schlug Blut aus deinem Schnee.

Mutter, Geliebte, doch hast du nie geklagt,
Nie ist dein lerchenfröhliches Herz verzagt.

Einmal, ein einziges Mal, krümmtest du dich wie in Wehn
Als du die Wagenburg deiner flüchtenden Kinder gesehn.
Durch der Kanonen Gebrüll aus Tannenbergs qualmenden Mooren
Schrieen fallend aus ihrem Blut, die du geboren.
Aus dem Staub und Gestampf der eilig getriebenen Herde,
Über der Hirten Gezänk, über dem Brodem der Pferde,

Von Wagen zu Wagen gellte ein einziger Schrei:
„Über die Weichsel!
Über der Weichsel!
Da sind wir geborgen und frei!" – –

Über der Weichsel, Deutschland, sicheres Land,
Horch, eine Stimme singt hinterm Pflug:
Hast du sie wohl erkannt?
Ach, wenn du Not litt'st, war sie dir lieb genug!

„Müd von Arbeit schlief ich ein und matt von Sorgen,
Klopfte jemand draußen, lang vorm Morgen,
Kam ein greiser Wandersmann herein:
‚Frau, wo mögen deine Söhne sein?'

Meine Söhne modern in Niemands Land,
Sie liegen verscharrt im Champagner Sand,
Die graue See erstickte sie,
Sibiriens Schnee erdrückte sie!

Müd von Arbeit, matt von Sorgen schlief ich wieder ein,
Sah im Osten einen roten Schein.
‚Kinder wacht, Zeit ist es aufzustehn!
Zeit zu fliehen, Mutter, Feuergleisch hast du gesehn!'

Müde war mein Rücken, bleiern meine Lider.
Kinder horcht! Die Toten kommen wieder!
Durch den Sturm und durch die Regentropfen
Hör ich dröhnend ihre gleichen Schritte klopfen,
Endlos, endlos – singend durch die Nacht marschieren sie.
Nur ihr Lied klingt fremd in meinen Ohren –

Mutter, ach, die Toten stehn nicht auf!
Mutter, arme Mutter, wache nicht mehr auf!
‚Noch ist Polen nicht verloren', singen sie!" – –

Über der Weichsel drüben, Vaterland höre uns an!
Wir sinken wie Pferd und Wagen versinken im Dünensand.
Recke aus deine Hand
Daß sie uns hält, die allein uns halten kann.
Deutschland, heiliges Land,
Vaterland!

Das Zimmer lag
In purpurn qualmender Abendglut.
Die Straße unten war stumm und leer
Als hielte die Stadt den Atem an.

Am Fenster sprach der alte Mann:
„Dies ist nun der dritte Tag
Wo mein Herz wie der Erntetag, heiß und schwer.
Die Sonne zieht Blut.
So viel Blut trank sie nicht mehr
Seit dem Tag von Sedan" –
Die alte Frau,
Das Strickzeug in der feiernden Hand,
Sprach leise: „So war's. Ich stand, ein Kind,
Auf dem Bleichplatz hinter dem Bienenstand.
Wir sahn überm Forst beim Abendgeläut
Das dunkle Glühn, so wie gestern und heut.
Wir fragten wie heut: ‚Wer wird es sein?
Wessen Blut trinkt der blutige Schein?
Was wird werden mit unserm Land?'"

Und in dem dunkelnden Zimmer stand
Wie blühende Heide, das Licht an der Wand.

– – – – – – –

Dann kam die Nacht, die silberne Nacht.
Auf dem Domturm wiegte das Wasserweib
Im warmen Austwind den blinkenden Leib.
Sanft vertraut ging der Uhrenschlag.

Da trappelten Füße, fohlensacht.
Junger Stimmen jubelnder Chor
Sang zu den Backsteingiebeln empor:
„Nun danket alle Gott!"
Fenster an Fenster tat sich auf,
Kopf an Kopf neigte sich vor,
– Ergebene Nacken, gebeugt zum Gericht,
Wenn das Herz schon weiß, daß Gnade spricht –

Und rings um den Dom
Rauschten jäh die Linden auf
Als wachten in dem Ordenschor
In ihren Grüften die Hochmeister auf.
Und Fragen lief Haus ab und auf:
„Was singen die Jungen?
Was wissen sie?"
Und eine freudezitternde, schwingende Stimme schrie:
„Sieg! Sieg! Wir schlugen die Russen
bei Tannenberg!"

– – – – – – –

Im Morgengrauen, dicht bei dicht,
Vor dem Anschlag an der Mauerwand
Alt und jung beieinander stand.
Sie lasen murmelnd im ersten Licht
Wort für Wort, wieder und wieder
Und den Namen darunter.
Keiner hat ihn gekannt.
„Hindenburg!"
Sie sprachen ihn laut einander vor.

„Wer ist er? Woher?“
Welke Hand hob kleine weiche Hand empor
Daß sie ihn nachzog. Greises Haupt beugte sich nieder
Ließ rosigen Mund ihn stammeln. Sprach:
„Das ist Er,
Der Verheißne, der Greis aus dem Berg Vergessenheit,
Den unsere Not gerufen.
Er kam, er hat uns befreit.
Vergiß ihn nie!“
„Nie.“

Und ein verstörtes, zerquältes Land
Griff aufatmend nach Deiner mächtigen Hand
Und lehnte sich wie ein Kind an Deine Knie!

## LETZTE STUNDE

Wir haben heute früh den Berg gestürmt.

Dort um den Grat sah ich das Licht sich breiten.
Wie leicht von diesem Fels die Füße gleiten!
Doch in den Alpenrosen liegt sich's gut.

Daß Er, der diese Scharten aufgetürmt
Auch unsere Dünen aufwarf! –
Ist das Blut
An meinem Rock?
Wie morgentief die Stille!
Kein Schuß. Kein Schrei. Im Thymian nur die Grille.
Wo sind die Andern, Freund und Feind geblieben?
Ein Glöckchen scheppert fern. Nun kräht ein Hahn.
Und irgendwo im Tale schlägt es sieben.

Wie blau der Himmel ist, kornblumenblau.
Wann war das? Gestern? Ach ich hab's vergessen.
Ich sah ein Tal voll Rosen und Zypressen,
Aus weißer Villa winkte eine Frau.
Und Rebenhänge. Überall nur Reben.
Ein alter Bauer kam und gab uns Wein,
Blutroten Magdalener, glasklar süßen
Muskat. Zuletzt schenkte er Wermut ein.
Der Nußbaum rauschte. Zu des Heilands Füßen
Am Kruzifix lag welk ein Enzianstrauß.
Eidechsen glitten aus den Mauerspalten.
Der Alte rief: „Auf Deutschland! Bub'n, trinkt aus!
Trinkt! Rot, weiß und gelb, davon das Herz zerspringt!"

Mich dünkt ich sah am Felsen dort den Alten.
Nun ist er fort –
Heuduft! Wer dengelt oben bloß so laut?

Der Abend kam. So weich, so blau, so warm,
Mit Amselruf und glühenden Felsenzinnen.
Ein Schneekar blühte funkelnd und verblich.
Ich ging und ging.
Und eine Kirche stand
Abseits wie ein Kastell. Seltsam vertraut.
Der Chor war wie ein Bug und an Altar und Wand –
Rot wie ein Herz zuckte das Ewige Licht, –
Das schwarze Ordenskreuz der Heimat stand.
Da kniete ich.

Als ich herauskam, schrieen sie „Alarm!"

Wie süß das Heu!
Zu Haus auf unserm Gut
Am Kirchhofsberg, liegt es jetzt auf dem Schwatt.
Und Küsters Fritz bläst auf dem Lindenblatt.
Ach, Fritzke lauf nicht fort!
Das ist nicht Blut,
Erdbeeren bloß. Sie fangen an zu reifen.
Und der Holunder blüht in blassen Tellern
Am weißen Insthaus drüben hinterm Stall,
Und bei dem Mühlenteiche aus den Ellern
Singt schon die Nachtigall.
Der blaue Streifen
Dort überm Sommerroggen ist die See.

Ein Segel drauf, wie mit der Hand zu greifen
Ein Schmetterling.
                                        Und drüben in dem Klee
Schwarzweiß vorm blassen Himmel geht die Herde.

O Du geliebte, braune preußische Erde,
Ich ward, um Dich zu lieben und zu erben
Und muß auf diesem fremden Berge sterben
Wo keiner mich begräbt!
                                                Bald
Ist es vorbei.
      Ein weißes Wölkchen bebt
Dort auf dem Grat. Ein Ruf, ein trappelndes Rennen,
Das weiße Wölkchen kriecht, –
                                                wie, können Steine brennen?
Staub rieselt und Geröll. Der Felsen bebt.
Und nun Posaunenstoß. Und Sturz und Nacht – –

Das Echo hallt zurück. Der Staub verschwebt.
Im Thymian am Geröllstrom zirpt die Grille.

Und irgendwo im Tale schlägt es acht.

## HEIMKEHR DES GEFANGENEN

Wie lange er durch diesen Wald geschritten
Er wußte es nicht mehr. Er wußte nur
Vom Unterholz war längst die Sonnenspur
Stammaufwärts in der Wipfel Nest geglitten.
Dann kam ein Weg. Her kroch ein Bauernkarren,
Den hängenden Kopfs der magre Braune zog.
Ein Greis saß drin, der stumm sich niederbog,
Die Peitsche winkte in der welken Hand.
Da sprang er auf. Der Alte fragte nicht,
Sah ihm nur einmal forschend ins Gesicht,
Und nickte und sah fort. Mit heisrem Knarren
Mahlten die Räder durch den grauen Sand.
Und endlich glomm der goldne Abendbrand
Durch rote Kiefernsäulen. Und ein Feld
Auf magrem Boden, dünn und schlecht bestellt,
Und Heimat doch und seiner Väter Land.

Da sprang er ab und winkte noch zurück
Und schritt am Waldrand eilig hügelauf.
Lang klang das Räderrollen noch herauf.
Er fand den alten Steig. In trunknem Glück
Den Fuchsbau dort und dort das goldne Wunder
Des kleinen Waldteichs, irisüberflammt,
Mit hellem Schilf auf schwarzen Wassers Samt,
Und halberblüht am Ufer den Holunder.
Und an der Kanzel lehnte noch die Leiter
Wie einst, und auch wie immer stand im Klee
Großäugig, braun und zierlich hold, ein Reh
Und sicherte und äste ruhig weiter.
Und aus dem dämmrigen Grunde hob der See

Des Himmels Widerspiel. Rund wie ein Tor
Schob ihre Krone nun die Linde vor,
Den Weg, die Auffahrt und das Haus verhüllend.
O Heimkehr, aller Nächte Traum erfüllend!
Gleich grüßt das Giebeldach über die Wand
Des langen Stalls, bunt von den kantigen Steinen
Die dieser Acker unterm Pflug gebar,
Gleich wird durchs Geißblatt dort das Fenster glühn
Und oben vor der Venus weißem Sprühn
Streift um die Scheune noch das Storchenpaar.

Was lähmst Du mich wie Schierling, Müdigkeit?
Du Taumeltrank von Qual und Einsamkeit,
Als schleppte ich der Flucht endlose Wochen
An meinen Füßen noch wie Sträflingsketten.
O wilder Wunsch, sich hier ins Gras zu betten
Wie ein zu Tod gehetztes Tier verkrochen
Vor Dir, geliebtes Bild Vergangenheit!
Vor allem, was den Meinen dort beschieden
An Arbeitsglück und Feierabendfrieden,
An wohlgeborgener Alltäglichkeit!

Kamille wuchs und Minze, wo er lag.
Die Erde, die sein wilder Jammer schlug,
War warm noch von dem heißen Junitag
Und vom zerdrückten Gras quoll frischer Ruch
Kühlend in sein Gesicht. Und um ihn war
Wispern von Halmen. Zartester Blätter Wehn
Und winzigen Lebens Flucht, die jäh von dannen stob

Bis Stille stiller ward.
Von seinem Haar
Tropfte der Tau, als er sich endlich hob.
Er stand und starrte. Faßte es noch nicht
Was er dort sah in letzter fahler Helle.
Er dachte nur: das ist ein Traumgesicht,
Ich liege wieder in der dumpfen Zelle,
Wer ist's von uns, der so im Schlafe spricht,
Und schreit: Nein, nein! Es ist nicht wahr! – –

Aus Nesselwildnis hob im blassen Licht
Sich sparrenschwarz und dachlos dort die Scheuer
Und über dem zerborstenen Gemäuer
Des Stalls reckten sich Pappeln schwarz und kahl,
Und über dem was Garten war
stand fahl
Der Schlot des Rauchfangs.
Wie ein steigendes Feuer
Stieg drüben auf der Mond, mohnrot und grell
Und wurde sanft und golden, wurde hell
Und alles lag still in dem stillen Schein – –

Er aber stand allein
Von diesem weißen Licht wie Flut umspült,
Vom Hauch der Nacht umweht, der durch die Linde strich,
Und spürte, wie aus seinem Blute wich
Was schwärend wie ein Fieber ihn durchwühlt.
Und er vergaß Gefangenschaft und Pein
Vergaß das Land, gebreitet wie ein Meer
Von Aufruhr, Blut und Not, das er durchschwommen.

Wo war das nur? Wie lange war das her?
Versunken alles.
                                        Er war heimgekommen,
Und Wirklichkeit war nichts als dieses Land,
Ein Stückchen Erde bloß, zerstampft und leer,
Doch Treue, wartend und nach ihm sich bangend,
Hilflosigkeit, nach seiner Hand verlangend,
Und Pflicht für ihn, der Pflicht nicht mehr gekannt, –

Er stand
Nicht mehr gebückt. Sein Mund war streng und herbe
Wie einst des Knaben Mund, der hier vom Hofe ritt
Zum Kampf für seine Heimat.
                                        Und es schritt
Aufrecht der Mann hernieder in sein Erbe.

„Es ist ein Ros entsprungen!"
Ein Rufen ist erklungen
Auf, auf Geschwister, die Ihr einsam wacht!
Vom Wetterstein zum Meere
Drückt lähmend uns die schwere,
Die bahrtuchschwarze Winternacht.

Wo bliebt Ihr heilige Zeichen?
Mit Deinen Sternenspeichen
O Wagen, rolltest Du hinab?
Von Deiner Sorgen Bürde
Entschlummert bei der Hürde,
O Wächter Winter, glitt aus Deiner Hand der Hirtenstab?

Es weht wie Morgenschauern.
Gleich morschgewordnen Mauern
Die Finsternis zerbirst,
Und eines Sterns Gefunkel
Weist sprühend aus dem Dunkel
Auf eines niedern Stalles Strohdachfirst.

Wir drängen zu den Stufen
Der Schwelle – hör uns rufen!
O Hirte, nimm die Herde an!
Wie Frühlingsregentropfen
Leid und Verlangen klopfen.
Du Tür der Gnade, werde aufgetan!

O Liebe, laß Dich lieben!
Sieh, nichts sind wir geblieben

Als die in Ängsten harrende Kreatur!
Ruf, daß wir uns erheben!
Wir liegen hier und beben
Blutend und nackt von fremdem Mietlings Schur.

Du in den Mutterarmen
Der Güte, hab Erbarmen!
Noch lebt Dein Volk in unserm Volke, Kind!
Du Sonne, tau die harten
In Gram und Groll erstarrten
Herzen der Unsern, daß wir wieder Brüder sind!

Wir sind's die alle hassen.
Doch tragen wir's gelassen
Wenn wir nur wissen, daß Du mit uns bist!
Gib, daß der Deutsche werde
Wieder zum Salz der Erde,
Gedenke gnädig unserer Jugend, Christ!

Aus unserm übervollen
Glühenden Herzen quollen
Dir Bild und Lied und Dom zu Deinem Ruhm!
Aus rauschender Pfeiler Wände
Hob ihre Beterhände
Die Fuge auf aus Deinem Heiligtum!

Geweihte Glocken sangen,
Glühende Seelen schwangen
Wie Becken sich, draus süß der Duft der Andacht stieß.
Glut, draus Dein Atem weicht,

Türkis, der krankend bleicht,
Duftendes Honigharz, verschwelt zu grauem Kies!

Die kunstreich wir gestaltet
So bleiern, so veraltet
In unsrer Hand erblindet Kelch nun und Monstranz!
Die reinste Deiner Gaben
Die Dich umschließt – wir haben
Durch Gier, durch Haß, durch Blut verdunkelt ihren Glanz!

Ach unser Angesicht
So wie das Deine licht,
Wir schwärzten es in irdischer Lüste Irren.
Gefleckter Pardel, folgt uns zorniger Neid.
O Reu und Leid,
O bittre Schuld! herber als bitterste Myrrhen!

O Du, die Krone trägt,
Wo Zeit und Schwert zerschlägt
Irdischer Herrschaft Krone,
Gnädig erzeige Dich!
Fürbittend neige Dich
Von unserer Not bewegt, zu Deinem Sohne!

Durch preisender Engel Chöre
Mutter der Mütter, höre!
Du kennst die Wanderschaft, die Not, die Flucht.
Horch Deutschland klagt
Wie eine schwangre Magd:
„O wo ist Brot und Land für meines Leibes Frucht?"

Hör unsrer Kleinen
Unschuldiges Weinen,
Birg sie im Mantel der Barmherzigkeit!
Gesättigt laß die vielen
Schlafen und spielen
In Deinem rauschenden Ährenkleid.

O Liebe, neig Dich wieder
Zu unserm Volke nieder,
Verwirf uns nicht vor Deinem Angesicht!
Mit dieser Winterwende
Geh unsere Nacht zu Ende,
O laß uns sehn der Hoffnung Morgenlicht!

## ABSCHIED VON KÖNIGSBERG

Es forderte zum Fackeltanze Dich,
Gekrönte Vaterstadt, der grimme Tod.
Wir sahn von seinem Mantel Dich umloht
Und hörten, wie bei Deiner Türme Neigen
Die Glocken sangen Deinen Todesreigen
Und sahen wie Dein Angesicht erblich.
Und sahen schauerlich
Den Pregel schwarz an den verkohlten Pfählen
Vorbei an leeren Hafenstraßen schleichen,
Und sahn, wie Opferrauch am Grab, die reichen
Schätze gesunkner Speicher qualmend schwelen.
Und sahen Deinen furchtbaren Freier Tod
Aus Deiner Gassen leeren Masken starren
Und durch den grauen Rauch stromabwärts fahren
Mit zuckender Beute auf verglühendem Boot.

So sahn wir Dich. Und sahn was uns gehört
Wie Mutter ihrem Kind, in stummer Klage,
Vom Schnee bestäubt, durch kalte Wintertage
Fremd um uns stehn, gespenstisch und zerstört.
Doch immer noch bedroht von Haß und Neid
Und immer noch in Deinem Witwenkleid
Von Deinem Feind mit Schwert und Sturm begehrt!
O Angesicht, so bleich und so verstört,
O Stadt, umtobt vom Kampf, durchwühlt von Leid, –
Wir wandern fort aus den zerstörten Gassen,
Doch wissen wir, die weinend Dich verlassen:

Wenn unsre Augen Dich nie wiedersehn,
Wenn wir vergehn

Mit unserm Blut, mit unserm Hab und Gut, –
Daß noch in Dir, o Mutter, Leben ist,
Und daß Du, Königsberg, nicht sterblich bist!

## WAGEN AN WAGEN

Um Allerseelen
In der dunklen Nacht,
Wenn vor uns stehen,
Die immer neu unserm Herzen fehlen, –
Erinnrung erwacht
An die alten Kirchen, die Hügel im Feld,
Wo sie schlafen, Vätern und Nachbarn gesellt,
In verlorener Heimat über der See, –
Und an Alle, die hilflos und einsam starben,
An Alle, die sinkend im Eis verdarben,
Die keiner begrub, nur Wasser und Schnee,
Auf dem Weg unsrer Flucht, – dem Weg ohne Gnade!

Und wir ziehen im Traum verwehte Pfade
Wagen an Wagen, endloser Zug,
Der ein Volk von der Heimat trug!

Von Norden, von Osten kamen wir,
Über Heide und Ströme zogen wir,
Nach Westen wandernd, Greis, Frau und Kind.
Wir kamen gegangen, wir kamen gefahren,
Mit Schlitten und Bündel, mit Hund und Karren,
Gepeitscht vom Wind, vom Schneelicht blind, –
Und Wagen an Wagen.

Zuckend wie Nordlicht am Himmel stand
Verlassner Dörfer und Städte Brand
Und um uns heulte und pfiff der Tod
Auf glühendem Ball durch die Luft getragen

Und der Schnee wurde rot
Und es sanken wie Garben die hilflos starben
Und wir zogen weiter,
                    Wagen an Wagen, – –

Und kamen noch einmal, trügrisches Hoffen
Durch friedliches Land.
Tür stand uns offen
Bei jenen, die nicht unser Leiden gekannt.
Sie kamen, sie winkten, sie reichten uns Brot, –
Sie luden die Not
Am warmen Herde zu sich als Gast.
Scheune und Stroh rief Müde zur Rast.
Doch wir konnten nicht bleiben.
Wir zogen vorüber
                Wagen an Wagen.

Und hörten durch Sturm und Flockentreiben
Das Glockenlied ihrer Türme noch
Und hörten doch
Das Dröhnen des Krieges, der hinter uns zog.
Und vom Wegkreuz bog,
Blutend, mit ausgebreiteten Armen,
Sich dorngekrönter Liebe Erbarmen.

Wir konnten nicht halten, wir konnten nicht knien.
Sie kamen hinter uns, Wagen an Wagen, –
Unsre Herzen nur schrien:
    O blick nach uns hin!

Wir wandern, wir wandern, endloser Zug,
Volk, das die Geißel des Krieges schlug,
Entwurzelter Wald, von der Flut getragen, –
Wohin?
Wohin? – – –

## ZUM GEDÄCHTNIS DER TIERE

Es sanken in der Heimat zu Asche Stadt und Ordensdom
Und Kahn und Prahm und Schlitten versank in Haff und
Strom.

Wie leere Waben starrten verlassen Laubenhaus und Dorf.
Der Scheune Erntesegen verschwelte wie im Moor der Torf.

Die Distelflocken deckten wie Leichenlaken Feld und Flur
Und Schnee und Wölfe leckten Gebein von Mensch und
Kreatur,

Die Gott mit uns erweckte aus gleichem, grünem Heimat-
land,
Mit deren Sein und Werden er unser Sein verband.

Was bellend uns begrüßte, Treue, die niemals trog,
Die froh zu Fest und Jagen und still mit uns ins Elend zog, –

Was weich mit leisem Schnurren um unsre Kniee strich
Und aus dem warmen Stalle zur Milch in warmer Küche
schlich, –

Und was in grüner Koppel an seiner edlen Mutter sog,
Was spielerisch und schnobernd sein Fohlenhaupt durchs
Gatter bog, –

Was über braunen Acker geduldig zog den schweren Pflug,
Und auf vereisten Wegen im Treck uns von der Heimat
trug, –

Was in den Weidegärten am Erlenbach zur Tränke ging,
Schwarzweiße Herdbuchherde, der schwer von Milch das Euter hing, –

Und was beim Morgensterne erwachte, wenn der Hof noch schlief
Und Herr, Gesind und Herde laut krähend an ihr Tagwerk rief, –

Was flaumige Kleine führte durch blühender Wiesen Gräserhain,
Noch fremde Brut betreute, lockend, als wäre sie sein, –

Was abends aus den Zweigen geleuchtet mit dem Purpurkamm,
Was schnatternd, weiß und daunig auf blankem Teich und Tümpel schwamm, –

Was Leid und Freude teilte mit Herr und Hof im alten Heim,
Was summend aus den Linden eintrug den goldnen Honigseim, –

Von altersher den Unsern so lieb wie gute Geister war, –
Glückbringende Gefährten wie auf dem First der Adebar, –

Sie Alle, uns gegeben zu Dienst und Ruhm in unsre Hand,
Sie Alle sind vergangen in Angst, in Not, in Blut und Brand!

Der sie wie uns erweckte, zählte auch ihren Todeshauch.
Der Unschuldig-Gestorbenen, hilflos am Weg-Verdorbnen, –
O Welt, gedenke ihres Leidens auch!

## TROST

Gealtert arm, verbannt, vom Heimatstrand vertrieben,
Hab ich erst recht erkannt, was mir an Trost geblieben:

In dürrem Heideland der Kiefern ernstes Grün,
Aus moorigem Grund und Sand der Blumen goldnes Blühn, –

Der grauen Wolken Zug und buntes Wunderspiel,
Der Vogelschwärme Flug nach fernem Wanderziel, –

Ein Finkenlied, das quillt aus blassem Morgengrauen
Und meine Seele füllt mit gläubigem Vertrauen!

## O ERDE DÄNEMARKS

O Erde Dänemarks, die Zuflucht uns geboten,
Gib letzte Ruhstatt unsern müden Toten!

Wir wollen nichts für sie aus Deiner Fülle
Als diesen kienenen Sarg und diesen Sand.
Nimm in Dein Dunkel die zerquälte Hülle,
Vom Sturm des Krieges zu Dir hergetragen,
Verweht wie welkes Herbstlaub überm Land.

O Erde, sanft wie einer Greisin Hand!

Sie hörten tröstlich noch auf ihrem Schragen
Der Kiefernwipfel Rauschen, wie am Strand
Daheim den Dünenwald. In ihre letzten Träume
Ging Deiner Seeluft Atem. Und sie sahn
Noch einmal unzerstört vertraute Räume.
Und sie vergaßen Trennung, Blut und Brand
Und alles war wie in vergangnen Tagen.
Und durch die stumme Nacht –
Als hätte wer die Türe aufgemacht –
Klang fernher einer heisren Dorfuhr Schlagen.
Es rollte von der Straße wie ein Wagen,
Es klirrte leis wie Sense an der Wand
Und alles ward vertraut und wohlbekannt.
Aufglomm's wie einer weißen Kerze Schein –
„O guter Nachbar, reich mir Deine Hand!
Du riechst nach Acker. Leise tratst Du ein.
Gut, daß Du da bist!"

Und sie schliefen ein.

*

O Erde sieh, nur unsre Herzen weinen.
Nimm hin, Barmherzige, unsre armen Kleinen!

Du hast mit Milch und Brot sie mild gespeist,
Nun wieg sie ein! Denn sie sind ganz verwaist.
Von allzuviel Erleben ruhn sie aus,
Ein frostverbrannter Anemonenstrauß.

Über der Heimat, die sie nie gekannt,
Stand Blut und Brand.
In kurzem Wiedersehens-Rausch gezeugt,
Getragen auf verschneiten Wanderwegen, –
Ach, Not nur hat sich über sie gebeugt,
Haß sie verflucht. Es war ihr erstes Regen
Entsetzen bei dem Heulen der Sirenen
Und Flüchtlingsschiffe waren ihre Wiegen.
Sie trugen schwer in sich der Mutter Tränen,
Sie wußten nicht, wie ruhig Kinder liegen
Im weißen Krippchen, sanft daheim umsorgt.
Dach, das sie schirmte, war wie Kleid geborgt.

Du Erde, wardst der Kleinen Heimatland,
Sie haben Dich als Mutter nur gekannt.
Spiegelnd wie Wasser warf erwachender Blick
Nur Deiner Wolken Wanderzug zurück.
Unschuldiger Mund trank dürstend Deine Labe,
Unschuldige Hand griff tastend Deine Gabe,
Und Deine Sonne war das erste Glück,
Das einzige, Erde, das sie hier gekannt!

O Erde Dänemarks, die Zuflucht uns geboten,
Wir lassen Deinem Frieden unsre Toten.
Aus Deiner Hut kann nichts mehr sie vertreiben.
Wir müssen weiterwandern. Sie nur bleiben
Und gehn wie Kind vertrauend in Dich ein,
Und werden Staub von Deinem Staube sein!

## BROT

Ich halte Dich andächtig in der Hand, –
Mein erstes Brot im deutschen Vaterland!

Wie braun und schwer in meinem Arm Du liegst,
Dem dunklen Acker gleich, aus dem Du stiegst!

Wie duftest würzig Du und warm und gut,
Gleich eines deutschen Erntemondes Glut!

Du warst das Korn in eines Sämanns Tuch, –
Da trug ich ferne der Verbannung Fluch.

Du wehtest, zarter Halm, im Herbsteswind, –
Da lebt ich dort wie ein verirrtes Kind.

Es deckte weißer Schnee Dich, sanft und dicht, –
Da sah ich dänischer Tanne Weihnachtslicht.

Dich weckte österlich der Lerche Lied, –
Und mich der Wildgans Ruf, die nordwärts zieht,

Da stand mit Freunden ich am Friedhofszaun
Jenseits ein braunes Pfluggespann zu schaun.

Du wiegtest flüsternd Dich im Ährenfeld,
Sorglos den schlanken Schwestern zugesellt

Und trugst Dein grünes und Dein goldnes Kleid
Durch eines deutschen Sommers Herrlichkeit, –

Eintönig ging für mich des Lagers Tag
Im Kiefernwald bei dumpfem Äxteschlag,

Lang war der stille Abend dort und licht, –
Daß draußen Erntezeit – wir wußten's nicht!

Der Linden Duft, der Winde Duft am Rain
Trankst Du mit Tau und Sonne in Dich ein

Und hörtest ohne Furcht die Sense gehn
Und starbst – um mir zum Segen zu erstehn

Und birgst, was sehnend ich so lang vermißt,
In dieser Krume, die mein Mund nun ißt.

Voll Dank und Ehrfurcht bricht Dich meine Hand, –
Mein erstes Brot im deutschen Vaterland!

## ES WAR EIN LAND

O kalt weht der Wind über leeres Land,
O leichter weht Asche als Staub und Sand!
Und die Nessel wächst hoch an geborstner Wand,
Aber höher die Distel am Ackerrand!

Es war ein Land, – wo bliebst Du, Zeit?
Da wogte der Roggen wie See so weit,
Da klang aus den Erlen der Sprosser Singen
Wenn Herde und Fohlen zur Tränke gingen,
Hof auf, Hof ab, wie ein Herz so sacht,
Klang das Klopfen der Sensen in heller Nacht,
Und Heukahn an Heukahn lag still auf dem Strom
Und geborgen schlief Stadt und Ordensdom, –
In der hellen Nacht, –
der Johannisnacht!

Es war ein Land, – im Abendbrand
Garbe an Garbe im Felde stand.
Hügel auf, Hügel ab, bis zum Hünengrab
Standen die Hocken, brotduftend und hoch,
Und drüber der Storch seine Kreise zog.
So blau war die See, so weiß der Strand
Und mohnrot der Mond am Waldesrand
In der warmen Nacht, –
der Erntenacht!

Es war ein Land, – der Nebel zog
Wie Spinnweb, das um den Wacholder flog,
Die Birken leuchteten weiß und golden,
Und korallen die schweren Quitschendolden,

Die Eicheln knirschten bei Deinem Gehn
In den harten Furchen der Alleen.
Ein Stern nur blinkte, fern und allein,
Und Du hörtest im Forst die Hirsche schrein
In der kalten Nacht, –
der Septembernacht!

Es war ein Land, – der Ostwind pfiff,
Da lag es still wie im Eis das Schiff,
Wie Daunen deckte der Schnee die Saat
Und deckte des Elchs verschwiegenen Pfad.
Grau fror die See an vereister Buhne
Und im Haff kam Fischer und Fisch zur Wuhne.
Unter warmem Dach aus Stroh und Ried
Klappte der Webstuhl zu altem Lied:
„Wi Beid', wi sönn noch jong on stark,
Nährn ons möt eigne Hände, – "
Es war ein Land, – wir liebten dies Land, –
Aber Grauen sank drüber wie Dünensand.
Verweht wie im Bruch des Elches Spur
Ist die Fährte von Mensch und Kreatur, –

Sie erstarrten im Schnee, sie verglühten im Brand,
Sie verdarben elend in Feindesland,
Sie liegen tief auf der Ostsee Grund,
Flut wäscht ihr Gebein in Bucht und Sund,
Sie schlafen in Jütlands sandigem Schoß, –
Und wir Letzten treiben heimatlos,
Tang nach dem Sturm, Herbstlaub im Wind, –
Vater, Du weißt, wie einsam wir sind!

Nie zu klagen war unsre Art,
Du gabst und Du nahmst, – doch Dein Joch drückt hart!
Vergib, wenn das Herz, das sich Dir ergibt,
Nicht vergißt, was zu sehr es geliebt,
Was Gleichnis uns war – und noch bleibt im Leid, –
Von Deines Reiches Herrlichkeit!

O kalt weht der Wind über leeres Land,
O leichter weht Asche als Staub und Sand,
Und die Nessel wächst hoch an zerborstner Wand,
Aber höher die Distel am Ackerrand!

## WEIHNACHTEN DES FLÜCHTLINGS

Was warst Du, Weihnacht, meinem Kinderherzen?
Ein kettenbunter, grüner Tannenbaum
Voll roter Äpfel, honigduftender Kerzen,
Auf weißem Tisch erfüllter Spielzeugtraum, –
Und weit, weit über Land in Nacht und Wind
Auf Heu und Stroh im Stall ein Krippenkind
Um das lobsingend Hirt und Engel knien,
Wo Ochs und Eslein Sprache ward verliehn, –

Doch einmal war's, – die frühe Dämmrung fiel
So todeskalt und still auf die verschneiten
Kirchen und Giebelgassen und den breiten
Dampfenden Strom, – ich kam von frohem Spiel
Erwartungsvoll an greiser Hand gegangen,
Leis knirschte der Schnee und alle Mauern sangen
Von zarten Kinderstimmen, –
Hin und her
Durch die vereisten Scheiben glühte golden
Ein Weihnachtsbaum zu der vertrauten, holden
Herwandernden Weise von der „guten Mär", –

Da hob die Hand, die mich so sanft geleitet,
Mein Kinderhaupt und deutete empor, –
Und über Stadt und Strom sah ich gebreitet,
Weißsprühend über frostigem Nebelflor,
Unzählbarer Gestirne Lichtgefunkel.
Über den Speichergiebeln aus dem Dunkel
Führte der Sternenstraße Herrlichkeit
Hinauf in purpurne Unermeßlichkeit.

Ein Augenblick nur war es, bis ich fand
Verwirrt und taumelnd die geliebte Hand,
Die still mich führte. Bis vertraut die Gasse,
Vertraut die tannenduftende, weiße Schwelle
Und meines Vaterhauses warme Helle,
Vertraut des irdischen Christbaums goldnes Licht –
Doch jenen Augenblick vergaß ich nicht.

Nun steh ich einsam in der sinkenden Nacht
Der heiligen, der stillsten, – auf dem Feld,
Wo Saat und Scholle, früh vom Reif verblaßt,
Jäh nur von fliehendem Autolicht erhellt,
Vertraut wie Heimat sehn.
Wo doch nur Gast
Ich bin in einem deutschgebliebenen Land.
Vergangen ist die Heimat und mein Stamm,
Der Wache hielt auf dem bedrohten Damm.
Es hat gewappneten Säers strenge Hand
Uns weit verstreut aus blutgetränktem Tuch.

Laß es zum Segen sein – und nicht zum Fluch!
In unsres Bruders Acker eingesprengt,
Herr, laß uns wurzeln!
Sieh, wie dichtgedrängt
Die Halme stehn und finden alle Raum
Friedlich zu wachsen, unterm Schnee geborgen,
Geschwisterlich gewiegt von gleichem Traum:
Zu reifen gleichem, goldnen Erntemorgen,
Segen zu sein und neuen Herbstes Saat!

Du, dessen Liebe heute uns genaht
Einmal um Deine Krippe uns zu einen,
Gib Antwort mir in diesem nächtigen Wind,
Der aus der Heimat kommt wie leises Weinen,
Zeig Dich der Greisin, wie Du einst dem Kind
Dich wiesest aus der fernen Weihnachtsnacht!

Ich sah empor. Und überm stummen Land,
– Tauübersprühte, blaue Wiese – stand
Des Winterhimmels tausendfältige Pracht
Und seines silbernen Sternenstromes Band.
– Nicht mehr verhüllt von greller Glut und Rauch
Sterbender Städte. Nicht vom teuflischen Strahlen
Der Feuer, die den holden Namen stahlen
Des Christbaums, lästernd unsern frommen Brauch, –
Nein, schweigend herrlich wandernd ewige Bahn
Über der Erde Werden und Vergehn, –
Klarheit, wie sie im Feld die Hirten sahn
Und zueinander sprachen:
Laßt uns gehn
Zu sehen, was der Herr uns kundgetan!

## NEUJAHR

Aus des Ostens Eisentoren
Steigst du, Riesin, neugeboren
Flammend auf im Morgenlicht.
Nordsturm braust durch deine Schwingen,
Heilruf hallt und Glocken klingen –
O, entschleire dein Gesicht!

Schon durchschreitest du, Verhüllte,
Ebenen, die die Nacht erst füllte,
Weltall wird zum Furchenpfad
Den des Zodiaks Pflug gezogen.
Und du streust in weitem Bogen
Unserer Zukunft Sternensaat.

Streust du Fülle? Streust du Leben?
Ach, du wirst den Schleier heben
Erst zur Ernte, Schnitterin.
Meint es Wonne, meint's Entsetzen
Dröhnt dann deiner Sense Wetzen
Über unsre Hütten hin?

Kind des Herrn, das er getrieben –
Unser Hassen, unser Lieben,
Wie erreichte es dein Ohr?
Unser Lieben, unser Hassen,
Deines Kleides Saum zu fassen
Reckt im Staub sich doch empor.

Große Göttin, hab Erbarmen!
Schwing in deinen mächtigen Armen

Nur die Sense. Nie das Schwert.
Ja, du hörst uns! Denn es haben
Blasse Greise, stumme Knaben
Letzte Weisheit uns gelehrt.

Der uns schuf zu seinem Bilde
Gab's in seiner Vatermilde
Daß du Geist von unserm Geist.
Daß zu wecken, zu bewegen,
Unser Fluch und unser Segen
Dich wie Mutterblut durchkreist.

Fiebernd noch aus Not und Wunden,
Noch an Staub und Schein gebunden,
Steht doch unser Herz bereit
Für den letzten Neujahrsmorgen
Wo die Unsern, ganz von Sorgen
Dann sich läuternd, dich befreit.

Ihr aus unserm Blut Geborne,
Schon Erwählte, schon Erkorne,
Werdet stehn in ihrem Schein!
Werdet schauen die Enthüllte,
Ganz von Seiner Glut Erfüllte,
In den Händen Brot und Wein!

BEKENNTNIS

Ich stieg, mein Volk, aus Dir wie Halm aus Acker steigt,
Du hast Dich, Heimat, mir wie Mutter hold geneigt.
Ich ward, – und sieh, Dein Hauch belebte meinen Geist,
Ich wuchs in Deiner Hut, von Deiner Hand gespeist.
Ich durfte dienen Dir, wie Biene dient dem Schwarm,
Das macht mich reich und stolz, – vertrieben noch und arm.

Wie hab ich mich gesehnt, als Du noch frei von Ketten,
Heimat, in Deinem Schoß zur Ruhe mich zu betten!
Nun muß ich fern von Dir und meinen Vätern sterben, –
O laß mich, Herr, ein Grab in deutscher Erde erben,
Und laß ein Lied von mir in unsrer Jugend leben
Hab meine Hülle ich Dir längst zurückgegeben!

## SPRUCH

Du hast in Krieg und Schrecken
mich wunderbar bewahrt,
Gabst Kraft dem müden Herzen
auf später Wanderfahrt,
Gabst Zuflucht im vertrauten,
im herben Wind vom Meer,
Führtest zu deutschem Lande
mich gnädig wieder her,
Gabst Dach und Brot, gabst Treue
die niemals mich verlassen,
Lehrtest mich täglich neue
nichts als den Haß zu hassen!

Für den Ostdeutschland-Gedenkturm
in Schloß Burg an der Wupper

# ARCHAISCHE WELT

## *An Odysseus*

– Ich liebte Dich, Sohn des Laertes, –
Und Euch andre, Kinder des eigenen Stammes,
Und die Fremden, die Schönen, die frühe Geschauten,
Unvergessenes Erinnern aus anderem Leben.
Alle wart Ihr mir nah, Gespiel und Geschwister,
Mir nur sichtbar, immer mein Leben begleitend,
Wirklicher meinem Herzen als Alltagsvertrautheit,
Tiefer geliebt, weil ich immer neu mit Euch lebte,
Mit Euch erglühend und mit Euch wieder vergehend
Liebe und Schuld und Sühne und Sterben gekostet,
Bis ich, von neuen Gesichten und eigenem Schicksal bedrängt,
Euch im Wort hier beschwor. –
und beschwörend verbannte.

## *Daphne*

Hebt auch des Forschers
        Wissen und mühsames Wühlen
Aus der Jahrtausende Schutt
        nur nackte Trümmer ans Licht,
Findet der fremde Wandrer
        auf sonnegedörrten Felsen
Auch von Staub erstickt
        die pythischen Schlünde
Wie der verstummten Sybille
        Erde gewordener Mund, –
Noch aus dem Kuppelgewölb
        der blonden Atriden
Summen goldene Bienen
        ihr Ewigkeitslied.
Noch aus dem Ruch der Kamille,
        aus purpurnem Thymian,
Auf einst heiligem Grund
        steigt der heilende Schlaf.
Immer noch, im Hain
        des verborgenen Tales
Springt aus bemoostem Fels
        klingend kastalischer Quell,
Immer noch
        in glühend schweigender Stunde
Wird die Erde-geborene
        Nymphe des Satyrs Raub.
Doch die vom Gotte Erkorene,
        die flüchtige Hinde,
Die ihm, jungfräulich,
        immer aufs Neue entfloh,

Rauscht in verwandelter Form
aus immer grünendem Laube
Der Vergessenen Ruhm
in die verwandelte Welt!

## *Äneas*

Er schritt hinauf die Stufen,
Den Knaben an der Hand,
und wandte sich
Und sah tief unter sich die Üppigkeit
Der Punierstadt wie eine Muschel liegen
Am Strand.
Und sah, gefüllt wie einen Teich
Von wildem Gänseschwarm, das Hafenbecken
Voll schaukelnder Segel.
Von den Tarschisch-Schiffen
Heulten die Muschelhörner Sehnsucht ihm ins Blut
Nach Abenteuer und nach großer Fahrt, –
Doch aus den Träumen schreckte ihn das Rufen
Der braunen Wachen, die sein Kommen laut
Wie einen Ball schon zu den nächsten warfen.
Und schwer in ihren ehernen Angeln drehten
Die riesigen Tore des Palastes sich,
Wie Schwingen der geflügelten Ungeheuer,
Die zähnefletschend zu den Pfosten starrten, –
Und einen Augenblick verharrte er,
Eh er des Knaben Hand aus seiner ließ,
Und dann allein hineinschritt in die Dämmerung
Des purpurnen, des hohen Saals, –
Und wie ein König, der den König grüßt,
Hinschritt zu Didos Thron – – –

Tarschisch (in der Verbindung zu Tarschisch-Schiffen) ist der phönizisch-semitische Name der Stadt Tartessos, einer vor-phönizischen Gründung an der west-spanischen Küste. Die Stadt wurde zwischen 520 und 509 v. Chr. zerstört.

## *Du erinnerst Dich nicht*

Du erinnerst Dich nicht –
ich aber weiß es,
Wie ich Dich sah in der Grotte,
tief unter der Erde!
So geneigten Hauptes – wie jetzt –
Du knietest
Auf dem felsigen Grund und neben Dir
lagen die Kränze
Rund und zierlich geflochten,
aus Eppich und Efeu
Und den kleinen weißen Rosen.
So golden
Lag der stille Schein
des tönernen Lämpchens
Auf dem rötlichen Mantel
und säumte die Schulter,
Säumte die Schläfe Dir.
Sehnend erkannt ichs,
Mühsam mich ringend aus meinem
bleiernen Schlummer
In der stygischen Stille.
War es, Geliebter,
Deiner Lippen unhörbares Flehen,
das bannend
So mich beschwor, daß aus
dem steinernen Bette
Ich mich hob und lange
die lichtentwöhnten
Augen satt trank an Deinem geliebten Nacken? –

Weiß und schweigend saß ich,
Gehüllt in mein Grabtuch
Wie die Puppe des Falters
hängt im Geäste.
Und ich sah Dich – lange –
und alles Vergessene kam wieder,
Unaussprechlich fern von der schweigenden Tiefe,
Unaussprechlich nah Deinem dunklen Haupte,
Deiner atmenden Brust,
Deinen erhobenen Händen.
Holde Mondnacht war wieder, wolkendurchflockte,
Über dem Hof mit dem rieselnden Brunnen,
Leis durchhaucht von dem süßen Atem der späten
Blühenden weißen Rosen dort an der Säule.
Wehen der Mitternacht trug tauigen Hauch der Kräuter
Über das Dach in den Hof und bauschte den Vorhang,
Wie Deine Hand ihn hob, –
und süße Gewißheit
Friedlich ruhenden Lebens im schlafenden Hause
Füllte mein Herz und Erwartung Deiner Liebkosung, –
Aber nicht mehr fühlbar,
nur schmerzhaft erinnert
Wußte ich dies –
und glitt herab von der Nische
Steinigem Rand und glitt auf den Boden,
Nah Dir zu sein.
Du wandtest Dich, hobst Deine Stirne,
Blicktest Dich um, als hätte nach Dir es gerufen,
Suchtest mit dunklem Blick umher
und sahst nur

Wie ein welkendes Blatt die gleitende Puppe,
Draus der Falter sich mühsam
und zögernd befreite,
Zitternd die Schwingen breitend
und schlaftrunken taumelnd,
Deine Hand, die geliebte, hochadrige braune,
Deine Hand, vertraut im feinsten Gewirre
Schicksalskündender Schrift, –
in sammetnem Kuß berührte!

# BRUDER TOD

## *An den Tod*

Es hat mir nie vor Dir gegraut!
Du warst ja schon vor manchem Jahr
Dem frohen Kind
Der stille Bruder Unsichtbar.
Warst mir vertraut
Wie Schlaf und Schatten, Nacht und Wind.

Wohl kannt ich Dich. Doch sah Dich nicht,
Du Stummer, der *ein* Wort nur spricht!
Doch sah ich wohl so manches Mal,
Wenn blaß die Sterbekerze brennt,
Geliebtes Leidensangesicht
Durch Dich erlöst von aller Qual.

Sah immer neu in schmalem Schrein
Frieden, den diese Welt nicht kennt,
Und sehnte mich, schon dort zu sein.
Wie Wandrer, wenn der Mittag brennt,
Sich sehnt nach sanfter Mondnacht Schein!

Nun bin ich alt. Du später Gast,
Das eine Wort, – sprich es nicht aus!
Noch blüht, ein dahlienbunter Strauß,
Mir hold die Welt im Abendrot.
Von ihr, die ich so sehr geliebt,
Wie geht der müde Fuß so schwer
Hinunter in die Nacht.
Du, der so viel Schuld vergibt,
Vergib auch mir, mein Bruder Tod,
Daß ich so lang nicht mehr, –
nicht mehr an Dich gedacht!

## *Lied*

Mir träumte so schwer,
Ich erwachte mit Bangen, –
So lange ist's her,
Daß Du von mir gegangen, –

Die Jahre vergehen,
Die Jahre trennen, –
Wenn wir uns wiedersehen,
Wirst Du mich erkennen?

So lang mein Leben,
So wirr meine Pfade, –
Bei Gott ist Gnade, –
Aber wirst Du mir vergeben?

## *Heiterkeit des Todes*

Lächelnde Nähe der Wandlung füllt mich. Es steigt
Keine Furcht in mir auf, da die Sonne noch einmal
Durch die Bäume glänzt, vor purpurne Wolken
Ihre Gitter hebt und zum Nachten sich neigt.
Wird der Leib erbeben? Oder ein Lächeln
Über die Wangen huschen, da aus den Weiten,
Da aus geöffneten Sternen der Ruf mich erreicht,
Der mich lockt wie aus zersprungenen Saiten.
Herr, gib mir stille Heiterkeit, wenn ich mich rüste,
Sende aus Sternenlichtern, die mich begrüßen,
Wenn ich nahe, eine Flamme, ein Zeichen,
Wie eine Tür, die sich öffnet zu neuen Reichen.

*Die Meinen*

Sie waren mein. Und ich habe ihnen gehört.
Stimme, die ich nicht vernahm, hat sie aufgestört,
Daß sie von mir gegangen.
Nun nach den langen
Jahren weiß ich, sie sind wieder nah,
Sie sitzen im Garten
        um den runden Tisch, tief im Laubengrün.
Alle sind da. Sie sitzen so still.
Sonnenheiße, rote und weiße Rosen blühn
Um die hellen Wege.
                Und ich weiß, sie warten,
Ob ich noch immer nicht kommen will.

## *Der Traum vom Nobiskrug*

O so grau, so stumm,
O so weit
Ist der einsame Weg
Über den schwankenden Steg!
Nebel ringsum,
Schweigende Einsamkeit.
Nur ein Käuzchenschrei,
Ein Wispern im Ried.

Alles gleitet vorbei, – –
Was ist's, das mich zieht? –
O weit, weit
Ist der Weg zum Nobiskrug!

Lag doch eben noch wach
Und wohlgeborgen,
Sah den Stern überm Dach,
Wartete auf den Morgen.
Irre nun schaudernd dahin
Durch Nebel und Spukgeleit,
Weiß nicht, wo ich bin, –
O weit, weit
Ist der Weg zum Nobiskrug!

Leuchtet rotes Licht
Trübe im Nebel auf.
Sieht moosiges Dach hervor, elender Bau,
Halbversunken im Moor.
Türe steht auf.

Nobiskrug: die letzte noch halbirdische Raststätte der Abgeschiedenen, ehe der Totenfährmann sie übers Meer holt.

Wer sind sie alle,
Die sich drängen, dicht an dicht,
Erloschener Blick, fahles Gesicht,
Grünblasse Haut,
In die dunkle Halle.
Trunkener Hauf, –
Kreischen wie Möwen und lärmen,
Laut, laut
Durch den Nobiskrug!

Möchte mich wärmen
In düsterer Ecke allein,
Fern ihrem Schwärmen,
Stammeln und Schrein.
Geht eine graue Gestalt
Schweigend umher,
Trägt an dem Krug so schwer,
Schenkt jedem ein
Von dem dunklen Bier.

Sie schmatzen, sie trinken voll Gier
Alle den Becher leer.
Kalt, kalt
Ist der Trunk im Nobiskrug.

Schweigende Wirtin, nicht mir
Reiche den Becher!
Schon versiegt im Kruge das Bier.
Schon ruft die Zecher,
Die jäh erstarrten,

Von letztem Fest
Fährmannsruf aus dem Nebel drauß.
Schiff ohne Segel und Mast
Kann länger nicht warten,
Schon zieht Tide zum Meer, –

Sie stürzen in Hast
Übereinander her,
In den Nebel hinaus.
Leer, leer,
Verlassenes Nachtvogelnest,
Liegt im Röhricht der Nobiskrug.

Ein Ruder schlug,
Es rauscht um den Bug,
Wie im Nebel es weiter zieht.
Ich stehe allein.
Durch wehendes Ried, an moorigem Grund
Leckt ausflutende Welle.
Aus klarer Helle
Steigt erster Morgenschein.
Fern bellt ein Hund.

Menschengefährte, ruf mich zurück
In atmender Hülle warme Geborgenheit!
O sanftes Erwachen, o Glück,
Wieder im Leben zu sein!
Weit, weit
War der Weg, der einsame Weg,
Zum Nobiskrug!

# ABEND UND ALTER

## *Alter*

Fremde lockt nicht mehr noch Abenteuer
Vor dem Ziel der langen Wanderung.
Leis wie Vogelruf verklingt Erinnerung,
Nur des Alltags Stille blieb mir teuer.

Freunde, die geduldig auf mich warten,
Sind die bunten Tulpen dort im Beet,
Und die alt wie ich und einsam steht,
Knorrige Kiefer in dem Nachbarsgarten.

Und was immer noch mein Herz berührt:
Bist Du, flüchtge Kinderspur im Sand,
Bist Du, Veilchenhauch am Heckenrand,
Und ein Tierblick, der den meinen spürt,

Mir vertraut und näher, nun ich alt,
Als in meiner Kindheit Unschuldszeiten
Bist Du Jugend im Vorüberschreiten,
Still geliebte, schlanke Wohlgestalt.

## *Unersättliches Herz*

Unersättliches Herz, noch immer im Alter,
Statt geruhsam an Tod und Jenseits zu denken,
Bist Du begierig zu hören, was ringsum der Alltag
Dir geschwätzig erzählt von Heiligen und von Huren, –
Unersättliches Herz, noch kannst Du's nicht lassen,
Buntes Gefabel zu spinnen und still Dich zu freuen
An dem Reigen der selbstbeschwornen Gestalten,
Die wie Seifenblasen Dich glänzend umschweben,
Immer neue, – in zauberhaft buntem Vergehen.

## *In meinen späten Tagen*

In meinen späten Tagen
Will ich in tiefer Nacht
So oft mich bange fragen:
Von allem, was ich hier gedacht,
Von Wollen und von Schreiben,
Was wird von mir wohl bleiben,
Geh ich für immer fort?

Ob auf dem dunklen Wege,
Der zu den Meinen führen wird,
Verstummendes Herz es spüren wird
– Wie Erde, lang von Frost verdorrt,
Spürt warmen Frühlingsregen, –
Wenn hier ein Vers von mir, ein Wort
Lebendiges Herze rühren wird?

## *Als ich jung war . . .*

Als ich jung war,
als lang und braun mein Haar,
Hab ich von fremdem Hassen und Lieben
Diese vielen Verse geschrieben.
Wie ein Kind beim Spielen
Läßt den schimmernden Traum
Glänzender bunter Kugeln aus Schaum
Durch seinen Atem entstehen
Und entschweben, –
Nun darf ich sie wiedersehn
Nach dem langen Leben, –
Aber meine Gedichte
Bleiben *jung*e Gesichte,
Wissen nicht, was in so langen Jahren
Alte Leute erfahren.
Fragen sie: Weißt Du nicht mehr?
Sage ich leise: »Es ist lange her – –«

## *Für Moritz Jahn*

Frag ich, alt und grau geworden,
Was aus fernen Kindertagen
Blieb, mein Herz, Dir lieb bis heute?
Laß mich, Herz, Dir Antwort sagen:
Wandervogelzug nach Norden,
Nächtens greiser Turmuhr Schlagen,
Frühen Sonntags Festgeläute,
Einer ersten Krokusblüte
Goldnes Leuchten. Und am klaren
Himmel, wo der Tag verglühte,
Zarter Silbersichel Schwung.
Und in Frühlings Dämmerung
Schwatzend eines Baches Wellen ...
Und am Dachfirst vor dem hellen
Himmel einen ersten Star,
Und ein Mund wie Blumen jung
Lächelnd in unschuldger Güte.

## *Für Professor Kippenberg*

Schön war es, jung und gläubig, voll Vertrauen
Mit den Gefährten wandern, Hand in Hand,
Schön war es, weit ins Ernteland zu schauen
Vom Gipfel schon, im heißen Sonnenbrand;
Schön war des Herbstes reifende, stille Glut,
Grollte auch Wetter über gilbenden Gärten,
Und zog die frühe sinkende Sonne Blut,
Und fehlten allzu viele der Gefährten, –
Doch sanft nahst Du uns, Winter, klar und weiß,
Und trägst ein Licht in Deinen Engelshänden
Und sagst: »Wie schließt sich, Menschlein,
schön Dein Kreis, –
Glück ist's für Dich und mich,
sich zu vollenden.«

## *Sie warten*

Meine Mutter hatte Augen
wie Bachvergißmeinnicht,
Und mein Vater
solch gütiges, fröhliches Vatergesicht.
Ehrwürdig mir beide, geliebt und vertraut, –
Nun wie ich alt geworden
und älter als beide bin,
Scheint mir in meinen grauen Haaren,
Daß die beiden, die ich so lang nicht gesehn,
Einmal meine Geschwister waren.
Und heut an der Schwelle zum neunten Jahrzehnt –
Ich brauche nur ein Endchen zu gehn
In den immer gesuchten Garten,
Wo die beiden, zwei Kinder, am Zaune stehn
Und auf mich, ihre alte Mutter warten – – –

## *Wir wandern fremde Straßen . . .*

Wir wandern fremde Straßen,
Daß Du uns, Herr, verlassen,
Wir glauben es doch nicht.
Wer so viel Leid ertragen
Wie wir in schweren Zeiten,
Des Herz ist voller Zuversicht.
Daß Du uns treu erfunden
Auch in den dunklen Stunden,
Daß Deine Vaterhand uns hält.
In allen Erdentagen
Wirst Du uns weiter tragen
Bis an das Ende dieser Welt.

## *Liegt alles so weit zurück*

Liegt alles so weit zurück:
Jugend und Heimatland,
Freunde und Glück –
Rieselt der Sand
Leis durch das Stundenglas,
Abend kommt still und blaß
Übers neblige Feld.
Bunt warst Du, Welt,
Warst schön – und ich liebte Dich sehr.
Wie war es bei Dir?
 Ich weiß es nicht mehr!
Alles verging. Ich bin müd wie ein Kind,
Leise, leise singt mich zur Ruh
 der Abendwind.

## *Die Ahne*

Der Brautzug ging aus dem bekränzten Tor,
Vom Tale scholl der Böller Gruß empor.
Der Knabe, der die seidene Schleppe trug,
Der Braut Geschwister wandten sich im Zug.
»Die Ahne blieb im Saale. – Bleibet stehn,
So müssen wir die Greise holen gehn.«
Sie warteten – sacht geht des Alters Gang.
Im Turm verzitterte der Glockenklang.
Da kam, gestützt von ihrer Enkel Hand,
Die Ahne im verblichenen Prunkgewand.
Mit zornig hellen Augen, streng und starr
Hob sie das schmale Haupt im weißen Haar:
»Von alter Art im Hause Eine ist,
Wenn alte Sitte junger Sinn vergißt.
Zur Kirche geht ihr schon. Und fehlen doch
So viel Gesichter in dem Zuge noch.
Geht immerhin. Ich warte wohl allein!«
Sie schritten fort. Die Orgel setzte ein.
Der Knaben Chorgesang im Gotteshaus
Scholl zu der Neunzigjährigen hinaus.
Die stand und wartete vorm Wappentor. –
Still lag der Weg. – Kein Wagen fuhr mehr vor. –

# VERGANGENES – GEGENWÄRTIGES – ZUKÜNFTIGES

## *Hinter der Hohen Düne Vergangenheit*

Weit weit,
Tief in der sonnigen Mulde geborgen
Liegt der verwunschene Garten Kinderzeit!
Wie hell dort am Morgen
Der klare Stern über den Kiefern stand!
O frohes Erwachen,
Lustiger Lauf über den warmen Sand!
Vögel riefen und der Spielgefährten Lachen,
Und die kleinen Kätzchen, die sich verschlafen sonnten!
Ach, die tausend Spiele, die wir konnten!
Und der kleinen braunen Hunde warme Zärtlichkeit –
Und die lockenden Blumen im Gras
und in den Buchsbaumbeeten,
Und die weißen Beeren, die wir knallend zertreten,
Und die scharlachroten, die uns so schön geschmückt –
Und überm Graben die schnellen
Blitzenden blauen bösgesichtigen Libellen
Und des großen fremden Käfers grünes Funkeln
Und die samtdunklen
Flügel des Schmetterlings, der uns so entzückt –
Ach, alles war schön, war so gut und so ganz vertraut –
Und vor Schlangen hat uns leise gegraut – – –

Aber immer wußten wir unsichtbar
Einen Alten, der alles Schlimme vertrieb,
Und wußten, selbst wenn draußen Sturm und Gewitter war,
Daß er schützend bei artigen Kindern blieb, – – –
Denn die hatte er lieb – – – –

Schutzengel Erinnerung, höre mich an!
Draußen stürmt es. Dunkel ist die Nacht,

Und der Schlaf klopft spät bei uns Alten an.
Zu dem grünen Garten trage mich hin
Ganz sacht!
Sieh, wie klein ich bin,
Eingehüllt in Dein dauniges Wildschwangefieder.
Wir blicken auf Wolkenkämme
                und weiße Brandung nieder
Und suchen im Sand
Spuren von kleinen Schuhen
                und weichen Hundepfoten, –
Sieh, der Garten ist da.
                Da flammen die roten
Kapuzinerkressen, die meine Mutter liebt –
Weh, weh,
Wie der Sand wirbelnd stiebt!
Wie der Nebel steigt von der See!
Stummer Engel, der so sanft mich trägt,
Sieh, es versinkt,
Was eben noch lockend herübergewinkt.
Nur die Brandung schlägt
Rauschend auf, wie ein Herz,
                das nicht Ruhe gibt.
O weit, zu weit
Liegt die Hohe Düne Vergangenheit!

## *Eisvogel*

Eine Feder fand das Kind am Bach,
Schöner als die Flügel der Libelle
Lag sie schimmernd über Ried und Welle, –
Und es sprach das Kind – und sann dem Wunder nach:
»Märchenvogel, dem sie zugehört,
Laß Dich einmal nur von mir erblicken!«
Und es sah, verstummend vor Entzücken,
Wie aus grünem Ufer aufgestört
Jäh sichs hob wie Scharlach und Türkis,
Und vorüber, seliges Gefunkel,
Zu bemoostem Stein im Erdendunkel
Hinter wehender Schilfwand niederstieß.

## *Sturmnacht*

Es führte an ihren Toren
Drei Wappen die alte Stadt, –
Ich bin auf der Insel geboren,
Die den Arm im Schilde hat.

Er hebt aus den grünen Wellen
Eine Krone empor ans Licht, –
Manch Wappen sah ich prunken,
Ein schöneres sah ich nicht.

Tauwind jagte die Wolken
Über Maste und Giebeldach, –
Da sangen die Sonntagsglocken
Des Doms meine Seele wach.

Nun schrecke ich auf in dem fremden
Land bei des Weststurms Wehn,
Mir ist, ich hört die geborstenen
Glocken wieder gehn.

Mir ist, als hebt aus dem Dunkel
Ein Arm eine Krone empor, –
Das bist Du, ruhmgekrönte
Heimat, die ich verlor.

## *Fragment*

Wer am fließenden Wasser geboren,
Sprach der Seher und hielt meine Hand, –
Bleibe dem fließend-lebendgen verschworen,
Bleib' an sein ruhloses Strömen gebannt.
Weh, wenn er fern ihm zu wohnen gezwungen,
Wogt auch das Korn und blüht auch das Beet – – –

## *An den Neumond*

Über der nebligen Au, über ferner Wälder Zug
Leuchtet der Abendhimmel, frostklar und blaß, –
Ragt der Berg in das Tal wie eines Schiffes Bug,
Grüngrau wie Meer schimmert bereiftes Gras.

O Du junger Mond, so scharf und weiß,
Schmale Sichel hinter dem Tannengeäst,
Wen wirst Du mähen, den mein Herz noch nicht weiß,
Der nach des langen Tags Wanderung mich verläßt?

Zarte Sichel, immer strahlender nun
Schwebst Du empor, wie ins zarte Gewölk Du Dich hüllst,
Wer wird, schimmernde Wiege, bald in Dir ruhn,
Trost und Verheißung, – wenn Du Dich golden erfüllst?

## *Mondfinsternis*

Über dem frühlingsgrünen Tal
Stieg er so groß und golden auf
Bei einer Amsel spätem Sang.
Über den saatenhellen Hang
Durch lichte Bläue ging sein Lauf
Und blaßte bald
Zu klarer Scheibe Silberrund.

Doch wie er an der Tanne stand,
Schwieg Vogellied und Nachtwind bang,
Und matter schien sein klares Licht.
Denn dunkel griff's, wie eine Hand
Sich drohend reckt nach stummem Mund,
Und deckte langsam wie ein Tuch
Sein wehrlos bleiches Trostgesicht.

O Erdenschatten, schwarz und schwer,
Wie lastest düster Du und dicht
Und glühst geheim wie Feuerrauch
Von Menschenstreit, von Haß und Fluch!
O Nacht, wie wardst Du fremd und leer!
Kalt weht es her
Über das Gras wie Todeshauch!

Doch näher nun mit einemmal,
Aus immer tiefer dunkelndem Blau
Blitzt hundertfältig Stern an Stern,
Und aller Zeit und Wachen fern
Verharrte reglos Baum und Strauch,
Erbebend, als wie jäher Strahl
Über das tauige Gras er schritt
Gleich junger Schöpfung Lebenshauch.

Und wundervoll und sichelschmal
Am dunklen Schild ein lichter Rand
Aufleuchtete –
                    und niederglitt
Des Erdenschattens Bußgewand.
Und urvertraut und still und groß
Und makellos
Des Vollmonds leuchtende Klarheit stand
Über dem schlafenden Frühlingsland.

## *Zur Neujahrsnacht 1960/61*

Der Zeiger wandert an der Uhr,
so schwer das Herz, so schwer der Sinn,
O Herr, noch eine Stunde nur,
dann geht auch dieses Jahr dahin,
Und aus der spielenden Kinderhand
des späterschaffenen Engels Zeit
Verweht ein Stäubchen Sternensand
ins dunkle Meer Unendlichkeit.

In dieser stillsten Stunde Bann,
der Schwelle zwischen Jahr und Jahr,
Sieht einen Herzschlag lang uns an,
aus gleichem Bild, was ist und war.
Der Zeiger rückt zur Mitternacht,
so langsam schleicht das alte Jahr,
Was es uns nahm, was es gebracht,
o Herr, nur Dir ist's offenbar!

Wir glauben heut, zu Dir gewandt,
an Trennung und Vernichtung nicht,
Wir sehn verlornes Heimatland
vor uns im blassen Sternenlicht,
Sehn unsre Stadt, die Krone trug,
die hochgebaute, überm Strom,
Und sehn das Herz, das in ihr schlug,
das Dir geweihte, unsern Dom!

Tief tranken wir in Reu und Leid
vom bittren Wein der Wirklichkeit.
Wohl wissen wir, was uns gehört,
liegt fremd geworden und zerstört, –

Stumm schläft die tote Inselstadt,
Eisscholle nagt am Brückenstumpf,
Von ungewohnten Tränen matt
sankst Du, Dom, in den Pregelsumpf,
Vom frostgen Nebel eingehüllt,
bedeckt von weißem Leichentuch,
Vergehst Du wie ein Riesenwild,
das einsam starb im Erlenbruch!

Wir aber sehn in dieser Nacht
Dich purpurn wieder vor uns stehn,
Der Zwillingsgiebel wuchtige Macht,
auf spitzem Turm der Fahne Drehn,
Zum Strome schiebt der Hohe Chor
das tiefe Dach ins Dunkel vor
Wie eines Orlogschiffes Bug,
das edle Fracht zum Hafen trug.
Bunt blüht der hohen Fenster Flor, –
O tu Dich auf, gewölbtes Tor!
Und laß uns sehn ein einziges Mal
den pfeilerbunten Gottessaal, –
Aus schwebendem Leuchter fällt der Schein
golden auf goldnen Altarschrein, – –

Es schlägt die Uhr, vorbei! vorbei!
Es ging ein Jahr. Ein Jahr kommt her,
Und über Festlärm und Geschrei
ausbrandend braust das Glockenmeer,
Und aus der spielenden Kinderhand

des späterschaffenen Engels Zeit
Verstäubt ein Körnchen Sternensand
ins dunkle Meer Unendlichkeit.

O Herrscher über Raum und Zeit,
bis hierher gabst Du uns Geleit,
Wir danken Deiner Vaterhand
wie einst an Deines Doms Altar,
Daß Krönungsstadt und Ordensland
Dein Gleichnis uns und Heimat war!
Du Ewiger, wir danken Dir,
wohin auch unser Weg hier geht,
Daß über uns und über ihr
noch Dein bestirnter Himmel steht!

## *Geleitverse zu einer Chronik*

Es gleicht der Mann, der eine Chronik schreibt,
Dem Wanderer, der in der Wüste Sand
Die Flasche mit dem Zaubersiegel fand,
Das, kaum berührt, in seinen Händen bleibt.
Und staunend sieht er, wie es steigt und wallt,
Und jäh sich formt zu riesiger Gestalt,
Die ihm Befreiung dankt mit stummem Neigen
Und endlich spricht:
»Fremdling, der mich beschworen,
Zu welchem Dienste hast Du mich erkoren? –
Was willst Du sehn?
Ich kann Dir alles zeigen!
Vergangnes wecken, daß es vor Dir steht
Wie Tulpenblühn in prangender Gegenwart
Und karawanengleich vorübergeht, –
Ich kann es deuten, was verstummter Mund,
Erloschenes Herz im Wandel Dir verschweigen,
Kann Schätze weisen in des Felsens Grund,
Laß' heilenden Quell aus sumpfiger Tiefe steigen,
Und Drachenfuß aus überblühter Flur, –
Kann Dir im grünen Tal die rostige Spur
Vergossenen Bluts und lang verhalltem Streit
Am Grenzwall der zerstörten Hofstatt zeigen –

Bist Du bereit,
Willst meiner stillen Führung Du vertrauen,
Geleit ich Dich auf langer Pilgerfahrt,
Auf Eurer Ahnen waldverwachsenen Wegen
Am Schattendunkel der Vergänglichkeit
Dem hellen Tag der neuen Zeit entgegen,

Und Du wirst spüren, wie in stummem Schauern
Dein Herz zum Herzen eines Weisen ward.

Dann endet lange Fron, die mich beschwert,
Wie Kerze, die im Morgenlicht verbrennt,
Schwinde erlöschend ich ins Element, –
Du aber wirst zu Deinen Brüdern schreiten,
Ein Reichgewordener, der wiederkehrt,
Verwobenes Schicksal ihrer Väterzeit
Wirst Du wie einen Teppich vor sie breiten
Und wirst sie lehren, was ich Dich gelehrt!«

## *Erden-Morgen*

Goldner Ball, dem Vater teuer,
Bunt durchströmt von Blau und Grün,
Draus in weißem Silberfeuer
Eisespol und Gletscher sprühn,
Du, der grausen Ungeheuer
Und der Riesenfarne Gruft.
Blaue Meere, weite Wiegen,
Draus in jungen Morgens Duft
Rauschend neue Welt gestiegen,
Wo, vom ersten Schlaf betaut,
Erde sah ihr Junges liegen,
Gott im Ebenbild geschaut –
Stunde Du der Morgenröte,
Da an Adams Knabenohr
Schon das Lied von Jubals Flöte
Ahnend sang aus Quell und Rohr.

*Das Lied der letzten Heimkehr*
*Die Kinder Jubals*

In dem blauen Arktiseise,
In der Tundra Flechtenmoos
Klang im Nordsturm ihre Weise,
Wie sie einsam, grau und groß,
Vor dem roten Feuer hockend,
Weiß umwölkt vom eignen Hauch,
Sang ihr wildes Heimwehlied,
Wolf und Bär und Rabe lockend
Mit dem erlenbittren Rauch,
Sich des Elches Leber briet:
»Hört des Sturms Posaunentöne!
Hört den Schrei von Kauz und Eule,
Hört der Schweifenden Geheule!
In den Städten,
                in den Betten
Schüttelt ab des Schlafes Ketten,
Hört mein Rufen in der Nacht!
Meine Töchter, meine Söhne,
Kinder Jubals, wacht, erwacht!!

Auf! Zerbrecht nun Laut' und Flöte!
Meißel werft und Pinsel fort!
Auf des Munds erblassender Röte
Sterbe Lied und Dichterwort!
Löst die Hand aus Spiel und Reigen,
Ausgetanzt der letzte Tanz, –
Eurer Kerzen stillen Glanz

Jubal – in der Bibel 1. Mose 4, 21 erwähnt – der Sohn Lan
Erfinder der Musik auf Saiten- und Blasinstrumenten.

Löschen, die der Nacht entsteigen
Und ihr Höllenantlitz zeigen, –
– Asche stäubt um Eure Füße,
Flut versiegt und wie die süße
Rose welkt in Euerm Kranz,
Welkt der Welt vergehende Schöne,
Stirbt die Liebe, lischt das Glück, –
Meine Töchter, meine Söhne,
Kinder Jubals, kehrt zurück!

Was, durchströmt von Eurer Glut,
Hochzeitlich mit Euch erbebte,
Was wie Kind im Mutterblut
Weiter Euch in Träumen lebte,
Was, aus Eurem Geist geboren
– Nie besessen, nie verloren, –
In geläuterter Gestalt
Menschengleich, doch niemals alt,
Still von Euch ins Licht beschworen
Der Vergänglichkeit entschwebte, –
Dichtertraum von ewiger Schöne,
Stummer Rausch von Schöpferglück, –
Meine Töchter, meine Söhne,
Laßt den Traum – –
und kehrt zurück!

Aus den Wolken, aus den Lüften,
Aus entweihtem Äthermeer,
Weht es wie aus Feuerschlüften,
Hoch sich wölbend, kocht das Meer,

Weinen heult aus offnen Grüften,
Haß klagt Gott und Bruder an,
Todverfallener Geschlechter
Jüngster Tag bricht flammend an, –
Vor des Höllenwolfes Gier,
Meine Söhne, meine Töchter,
Kinder Jubals,
flieht zu mir!

Hört aus letzten Domes Turm,
Wenn sich First und Giebel neigen,
In den Gleisch des Höllenlichts,
Wild gerührt vom Feuersturm
Letzte Glocken glühend schwingen,
Antwort singen
Der Posaune des Gerichts, –
Wenn wie lodernde Spreu vergeht
Mit dem Heiligen der Sünder, –
Kinder Jubals, meine Kinder,
Flieht, o flieht –
Es ist zu spät!

Von der Schlange Gift begeifert
Reifen der Erkenntnis Früchte,
Geist, der frevelnd sie geraubt,
Brütet Haß und fremde Süchte,
Lechzt nach des Propheten Haupt,
Der vergeblich mahnt und eifert –
Wehe, wer an Buße glaubt!
Immer tanzt den Tanz der Sünde
Salome und Sodom hurt,

Immer in des Molochs Schlünde
Stürzen sie die Erstgeburt!

Heute Land um hundert Länder,
Heut noch Reich von Meer zu Meer, –
Tausend Sprachen wie Gewänder
Rauschen, Fürstin, um Dich her.
Lobgesang und Hymnen schallen, –
Zu der Tempelburgen Hallen
Führen Deiner Straßen Bänder,
Führt, Dir dienstbar, selbst das Meer,
Der anbetenden Vasallen
Pilgerscharen zu Dir her.

Hohe Priesterin der Feste,
Heut vergottet und besungen, –
– Morgen schon vom Wald verschlungen, –
Die verödeten Paläste, –
Menschenruf und -schritt verklungen, –
Wie ein Menschenaug erblindet
Deckt die Erde, regenschwer,
Schrift, die Deinen Ruhm verkündet, –
Auch Dein Name lebt nicht mehr!

Gestern unter grauem Himmel
Urwald, Steppe, leere Ströme,
Drachenwrack am Brandungsstrand, –
Heute goldnes Ernteland,
Bunten Bauernmarkts Gewimmel,
Backsteintor und Purpurdome, –
Heut gezähmter Ströme Fluten
Speichertürme, Werften, Hafen, –

Und der Riesenkrähne Fron.
Hundert Völker bunte Flaggen
Rufen: »Kaufen und Verkaufen!«
Bei der Dampfer Heuleton
In den düstern Hafengassen
Lust, verschwiegen und verbuhlt,
Rausch und Mord, – –
                    und morgen schon
Rosten Kran und Dock verlassen,
Auf zerborstnen Trümmerplaggen
Schwelen halberloschene Gluten, –
Sumpf, in dem der Keiler suhlt,
Tränke, draus die Wölfe saufen,
Bruch, in dem die Schlangen schlafen, –
Fremder Sklaven bittre Fron
                    Ward Dein Hafen, – –

Inselbraut, im Meer gespiegelt!
Weh Dir! Was im tiefen Schacht
Über ihren Teufelsessen, –
– Gotteslästernd und vermessen –
Deiner Magier List erdacht!
Weh! Der Zauber ist entsiegelt!
Von dem Höllendampfe trunken
Wirst Du stürzen in die Nacht,
Tief ins tiefste Meer gesunken, –
In dem algengrünen Saal
Gleiten durch die Glaspaläste
Lautlos glotzend stumme Gäste –
Der Leviathan und der Wal!

Inselbraut, – im Meer gespiegelt –
Sicher in der starken Veste,
Goldumwallt und stahlverriegelt,
Thronst Du, Herrin aller Feste!
Licht von hunderttausend Türmen,
Perlenschnur von Funkenwegen
Unter irdischem Sterneregen
Tausend Freier zu Dir stürmen,
Brücke klirrt von ihren Wagen
Vogel Rock mit Silberschwingen,
Schiffe wie ein Geisterboot
Ohne Segel, ohne Schlot, –
Alle wollen werbend bringen
Gold, um Gold zu Gold zu tragen, –
Doch schon wartet fahle Hand,
Es aus ihrer Hand zu schlagen, –
Staub zu Staub
und Sand zu Sand!

## *Nachwort*

In vierzehn sogenannten Kladden sind sie vor allem zu finden – diese Verse, die nun zum hundertsten Geburtstag Agnes Miegels veröffentlicht werden. Genau registriert und sorgfältig aufbewahrt ruhen sie in dem schönen, großartig ausgestatteten Deutschen Literaturarchiv in Marbach am Neckar, der Heimstatt so vieler Nachlässe deutscher Dichter.
Dicke Schulhefte sind es, mehr Notizbücher als Tagebücher, angefüllt mit Eintragungen, Zeitungsausschnitten, Informationen aus aller Welt, mit sprachlichen Vergleichen, ganzen Wörterbuchseiten aus fremden Sprachen, mit Notizen über Träume, mit bunten Bildern und Fotos, – Signale und Zeichen eines Menschen, der es nicht lassen kann – auch im hohen Alter nicht – unermüdlich die Welt zu sich heranzuholen, sich auch in Grenzbereiche des Lebens zu begeben und die menschliche Existenz von allen Seiten abzuklopfen und zu befragen.
Dazwischen gestreut immer wieder Gedichte, Entwürfe, Korrekturen, neue Fassungen, Zusammengehörendes mitunter weit verstreut, manche Texte nicht leicht zu entziffern, letzte Fassungen nicht von vorneherein zu erkennen! Das alles war vorsichtig herauszuholen, zu prüfen, abzuwägen und zusammen mit den Versen, die Agnes Miegel mir in mehr als zwei Jahrzehnten schickte, zu ordnen und für diese Nachlaßausgabe zusammenzustellen.
Doch die beiden Richtpunkte für eine solche Veröffentlichung sind nicht immer ohne weiteres in Übereinstimmung zu bringen: einmal ist hier der Wille des Dichters ausschlaggebend, der – wenn er nicht genau festgelegt ist – erspürt und erahnt werden muß bei der immerwiederkehrenden Frage, was Agnes Miegel selber für wichtig und wertvoll gehalten hätte, um es in einem Nachlaßband veröffentlicht zu sehen. Zum andern

ist es der Wunsch oder mehr noch die Forderung eines großen Leserkreises, alle nachgelassenen Werke eines geliebten und verehrten Menschen kennenzulernen und zu besitzen.
Zu dem ersten, dem wichtigeren Problem gibt ein zeitlicher Hinweis einige Aufschlüsse: es sind die Jahre 1952-55, in denen Agnes Miegel die sechs Bände ihrer gesammelten Werke herausgegeben hat. Alle Texte, die vor 1952 datiert und noch nicht veröffentlicht sind, müßten also von vornherein ausscheiden oder zum mindesten doppelt und dreifach überprüft werden; denn hätten sie damals vor dem kritischen Blick der Dichterin bestanden, so wären sie uns sicher irgendwo bereits zugänglich geworden.
So ist es – mit einigen Ausnahmen – vor allem Alterslyrik der Fünfundsiebzig- bis Fünfundachtzigjährigen, die mit nur wenig verminderter Kraft manche Erschütterungen und Spannungen ihrer Zeit und ihrer Generation sichtbar werden läßt. Dabei sind Grundzüge und Grundhaltungen ihrer gesamten Dichtung – vielleicht abgemildert durch Distanz und Resignation – auch hier wiederzuerkennen: das selbstverständliche Eintauchen in ferne archaische Welten, die Versuche, Grenzen zwischen Leben und Tod zu überwinden, die unheimlichen Visionen, von denen man nicht genau weiß, ob sie in die Vergangenheit oder in die Zukunft gehen (z. B. »Die Kinder Jubals«), glückhaftes und schmerzvolles Erinnern an das verlorene Ostpreußen, stille Religiosität des müde gewordenen Alters.
Immer noch haben manche dieser Verse wie früher die große Melodie und die bilderreiche Sprachkraft, durch die ihre Dichtungen einmal so berühmt wurden. Darüber hinaus geben wiederum andere Gedichte autobiographisch mancherlei Aufschlüsse und Erkenntnisse, die ebenfalls für diese Auswahl maßgebend waren.

Wie von selbst gruppierten sich die Verse um einzelne Themen bis zu der Ballade »Die Ahne«, die bereits um 1900 entstand und uns durch einen glücklichen Zufall erhalten geblieben ist. Sie zeigt noch einmal die junge Agnes Miegel auf ihrem ureigensten Gebiet der Balladendichtung, für die sie vor siebzig Jahren so Bedeutendes geleistet hat.

Die Texte sind im allgemeinen originalgetreu wiedergegeben; allein die Interpunktion wurde in wenigen Fällen um des besseren Verständnisses willen den heutigen Gepflogenheiten angepaßt.

Bei meiner Arbeit im Deutschen Literaturarchiv standen mir die Herren Dr. Volke und Feifel mit Ratschlägen und Auskünften stets hilfreich zur Seite, und ich möchte ihnen auch an dieser Stelle meinen herzlichen Dank dafür sagen, ebenso allen andern, die mir bei meinen Bemühungen geholfen haben.

Voller Trauer geht mein Dank auch zu Heimgart von Hingst, († 11.5.78) der langjährigen Weggefährtin und Hausgenossin Agnes Miegels, die vierzehn Jahre lang dieses literarische Erbe sichten und betreuen konnte und die noch auf ihrem langen Krankenlager so viel Anteil an dieser Arbeit nahm. Sie soll ihr deshalb zugeeignet sein.

*Anni Piorreck*

# INHALT